El mensaje de la segunda carta a Timoteo

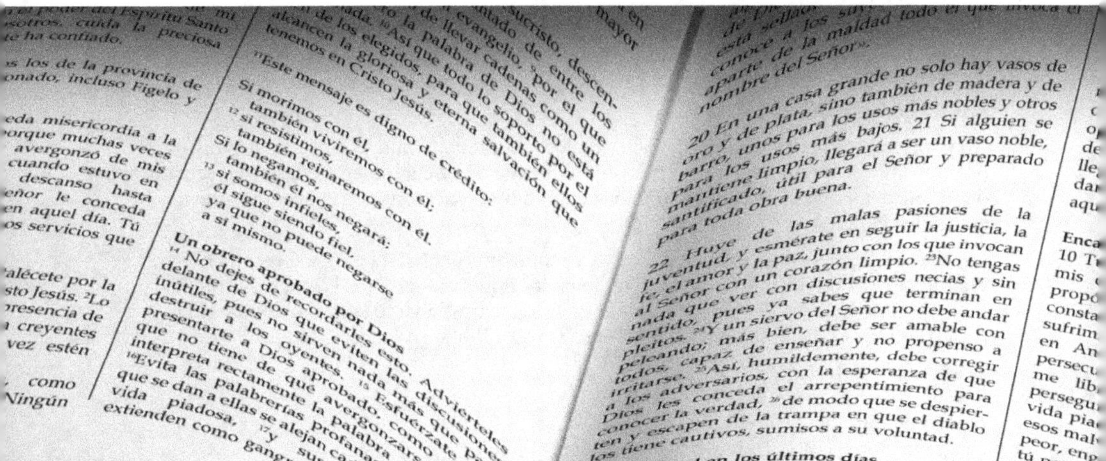

John Stott

Stott, John

El mensaje de la segunda carta a Timoteo - 1.ª edición – Certeza Unida, 2020.
122 pp.; 15.2 x 22.8 cm.

ISBN 978-612-4252-76-1
Hecho el Depósito Legal en la Biblioteca Nacional del Perú N° 2020-06745

1. Biblia. 2. Nuevo Testamento. 3. Comentarios bíblicos.

Título del original en inglés: *Guard the Gospel*
© 1973 John R. W. Stott, Inter-Varsity Press, Leicester, Reino Unido.
Esta traducción se publica en acuerdo con Inter-Varsity Press, Leicester, Reino Unido.
Primera edición en castellano.

© 2020 Ediciones Certeza Unida.

No se permite la reproducción parcial o total, el almacenamiento, el alquiler, la transmisión o la transformación de este libro, en cualquier forma o por cualquier medio, sea electrónico o mecánico, mediante fotocopias, digitalización u otros métodos, sin el permiso previo y escrito del editor.

Las citas bíblicas corresponden a la Nueva Versión internacional (NVI), excepto donde se indique otra versión. Se han citado también las traducciones Dios Habla Hoy (DHH), Reina-Valera revisión 1960 y 1995, la Nueva Traducción Viviente (NTV), la Biblia de las Américas (LBLA), Palabra de Dios par Todos (PDT) y Biblia La Palabra (BLP).

Traducción: L. S. Hussey
Revisión: Jhonny Avila R.
Diseño de carátula: Daniel Leandro Flores
Diagramación: Hansel J. Huaynate Ventocilla

Ediciones Certeza Unida es la casa editorial de IFES en los países de habla hispana. La IFES (International Fellowship of Evangelical Students), también conocida en América Latina como la Comunidad Internacional de Estudiantes Evangélicos (CIEE), agrupa a movimientos estudiantiles nacionales que procuran formar comunidades de discípulos quienes, transformados por el evagelio, impacten la universidad, la iglesia y la sociedad para la gloria de Cristo.

Editoriales miembro de Certeza Unida:

Certeza Argentina, Bernardo de Irigoyen 678, 5° I, (1072) CABA, Argentina.
certeza@certezaargentina.com.ar

Ediciones Puma, Av. 28 de Julio 314 Oficina G, Jesús María, Lima, Perú.
Apartado Postal 11-168.
ventas@edicionespuma.org | www.edicionespuma.org

Andamio Editorial, Alts Forns 68, Sótano 1, 08038, Barcelona, España.
libros@andamioeditorial.com | www.andamioeditorial.com

Contenido

Prefacio a la primera edición en inglés

Durante cinco años me parece haber estado viviendo dentro de esta segunda carta de Pablo a Timoteo. Con la imaginación me he sentado junto a Timoteo y he procurado yo mismo obedecer este mandato final del envejecido apóstol. También he procurado compartir su mensaje con muchos auditorios: en la Iglesia de All Souls, Langham Place, Londres, en el otoño de 1967; con unos 9000 estudiantes en la gran Conferencia Misionera de Urbana, Estados Unidos, en diciembre de 1967; con aquellos que se reunieron para la Convención de Keswick en 1969; en diversas oportunidades con grupos de pastores en América, Gales, Irlanda, Nueva Zelandia, Australia y Singapur, y también con algunos obispos anglicanos en la Conferencia de Lambeth de 1968. En cada ocasión he quedado nuevamente impresionado con la actualidad de lo que expone el apóstol, especialmente para los líderes cristianos jóvenes. También nuestra era se caracteriza por la confusión teológica y moral, más aún por la apostasía. Y el apóstol nos exhorta, como lo hizo a Timoteo, a ser firmes, fuertes y valientes.

En mi opinión, las palabras que caracterizan a esta carta son los dos monosílabos *su de* (gr.): "pero tú", que aparecen en cuatro oportunidades. Timoteo es llamado a ser diferente. No debe ceder ante las presiones de la opinión pública ni conformarse al espíritu de su época, sino mantenerse firme en la verdad y la justicia de Dios. A mi juicio, nada es más importante para los cristianos en el mundo y la iglesia de hoy que esta misma actitud.

Expreso mi cálida gratitud a mi secretaria, Frances Whitehead, por su eficiencia e incansable trabajo durante estos años, en particular en la tarea de mecanografiar innumerables manuscritos. ¡Es muy poco probable que ella olvide este escrito, ya que fue causa indirecta de un accidente que incrementó el dolor de un dedo dislocado!

J. R. W. Stott
1972

Introducción

El obispo Handley Moule confesó que encontraba difícil leer la segunda carta de Pablo a Timoteo "sin que una especie de niebla se juntara en sus ojos". Esto es muy comprensible, pues es un documento humano sumamente conmovedor.

Hemos de imaginarnos al apóstol Pablo, ya anciano, languideciendo en una oscura y húmeda celda de Roma, de la cual no habrá escapatoria, sino muerte segura. Sus trabajos apostólicos han concluido: "he terminado la carrera". Pero ahora debe hacer provisión para la fe después de su partida, y en especial para que sea transmitida (sin contaminaciones ni aleaciones) a las futuras generaciones. Así es que le envía a Timoteo este encargo tan solemne. Deberá preservar lo que ha recibido a cualquier costo, y comunicarlo a creyentes fieles, quienes a su vez podrán enseñar a otros (2.2).

A fin de apropiarse del mensaje de la carta y sentir su pleno impacto, es necesario comprender el contexto en el cual fue escrita. Merecen ser destacados cuatro aspectos.

1. Es una carta auténtica de Pablo a Timoteo

La autenticidad de las tres cartas pastorales fue aceptada por la iglesia primitiva en forma casi universal. Probablemente se hacen alusiones a ellas en la Carta de Clemente de Roma a los corintios, allá por el año 95; posiblemente en las Cartas de Ignacio y Policarpo durante las primeras décadas del segundo siglo, y con seguridad en las obras de Ireneo hacia fines de esa centuria. El Canon Muratorio, que data del año 200 aproximadamente, adjudica las tres cartas pastorales al apóstol Pablo. La única excepción a este testimonio es el hereje Marción, quien fue excomulgado en Roma en el año 144. Tenía razones teológicas para rechazar esta y otras cartas del Nuevo Testamento, y

Tertuliano manifestó sorpresa al saber que había omitido las cartas pastorales de su canon. Eusebio, en el siglo iv, las incluyó entre "las catorce epístolas de Pablo" que "son claras y manifiestas (en lo que respecta a su autenticidad)", siendo la decimocuarta la Carta a los Hebreos que —agregó— algunos rechazaban como no paulina.

El lugar adecuado para comenzar es reconocer que en el primer versículo de las tres cartas el autor se presenta en forma clara y solemne como el apóstol Pablo. Continúa refiriéndose a su anterior celo como perseguidor de la iglesia (1Ti 1.12–17), a su conversión y comisión como apóstol (1Ti 1.11; 2.7; 2Ti 1.11), y a sus sufrimientos por Cristo (2Ti 1.12; 2.9, 10; 3.10, 11). Por encima de esto, las cartas están impregnadas de la personalidad del apóstol.

La conclusión de muchos estudiosos es que los argumentos que han sido utilizados para negar la paternidad paulina de las cartas pastorales no son suficientes para vencer la evidencia, tanto interna como externa, que las autentica como cartas genuinas dirigidas por el apóstol Pablo a Timoteo y a Tito.

2. Al tiempo de escribir, Pablo estaba prisionero en Roma

El apóstol se describe como "prisionero" del Señor (1.8), y ésta era la segunda vez que había sido detenido en Roma. No disfrutaba ahora de la relativa libertad y comodidad de su propia casa alquilada, en la que Lucas lo deja al final del libro de Hechos, y después de lo cual, al parecer, había sido dejado en libertad tal como lo esperaba. Ahora estaba encarcelado, según Guillermo Hendriksen, "en alguna celda subterránea, con solo un agujero en el techo para darle algo de aire y luz". Quizá, según lo afirma la tradición, estaba en la prisión Mamertina. Pero dondequiera que estuviera, Onesíforo lo pudo localizar después de una dificultosa búsqueda (1.17). Sin duda, estaba encadenado (1.16), "al extremo de llevar cadenas como un criminal" (2.9). También sufría agudamente la soledad, el aburrimiento y el frío de la vida en la prisión (4.9–13). La presentación preliminar en su causa ya había tenido lugar (4.16, 17). Ahora aguardaba el juicio final, y no tenía esperanzas de ser declarado inocente. La muerte aparecía como inevitable (4.6–8). ¿Cómo llegó a pasar todo esto?

Al parecer, después de ser liberado de su primer arresto (el que se describe al final de Hechos), Pablo reanudó sus viajes ministrando la Palabra. Viajó a Creta, donde dejó a Tito (Tit 1.5), y luego a Éfeso, donde dejó a Timoteo (1Ti 1.3, 4). Puede ser que de allí haya seguido a Colosas para ver a Filemón, como lo había planeado (Flm 22), y hay evidencias de que llegó hasta Macedonia (1Ti 1.3). De las ciudades de Macedonia que visitó, una de ellas sería Filipos (Fil 2.24). Desde Macedonia envió su primera carta a Timoteo, quien estaba en Éfeso, y su carta a Tito, radicado en Creta. Le hizo saber a Tito su intención de pasar el invierno en Nicópolis (Tit 3.12), un pueblo en Epiro sobre la costa griega del Adriático. Presumiblemente hizo esto, y de acuerdo con lo solicitado Tito se encontró con él ahí. Si el apóstol llegó alguna vez a concretar su ambición de evangelizar España (Ro 15.24, 28), tuvo que haber ocurrido en la primavera siguiente. Clemente de Roma, en su carta a los creyentes corintios (cap. 5), menciona que Pablo "había llegado al extremo límite del oeste". Pudo haber sido sólo una alusión a Italia, pero también una referencia a Galia (Francia), España, o aun Bretaña (como algunos sugieren).

Es prudente asumir que más tarde cumplió su promesa de volver a visitar a Timoteo en Éfeso (1Ti 3.14–15).

De ahí su itinerario parece haberlo llevado hasta el cercano puerto de Mileto, donde tuvo que dejar a Trófimo enfermo (2Ti 4.20), y de allí a Troas (el puerto desde el cual zarpó por primera vez a Europa), donde se quedó con Carpo, dejando ahí su capote y algunos de sus libros (2Ti 4.13); luego a Corinto, donde Erasto se separó del grupo (2Ti 4.20; ver Ro 16.23), y después a Roma. En algún lugar del trayecto fue arrestado por segunda vez. ¿Fue acaso en Troas, razón por la cual no pudo llevarse algunos efectos personales que tuvo que dejar en la casa de Carpo? ¿O fue recién a su arribo en Roma? No conocemos las circunstancias, pero sí sabemos que fue nuevamente arrestado y encarcelado, que en esta oportunidad tuvo que sufrir grandes penurias, y que no habría escapatoria. La persecución emprendida por Nerón estaba en pleno apogeo (64 d.C.), y la tradición es posiblemente correcta al señalar que Pablo fue condenado a muerte y luego decapitado (como correspondía a los ciudadanos romanos) en la vía Ostia, unos cinco kilómetros fuera de la ciudad. Eusebio, citando a Dionisio de Corinto, dice que Pablo y Pedro "fueron martirizados ambos en la misma ocasión", agregando que la ejecución de Pablo fue por decapitación y la de Pedro por crucifixión, con la cabeza hacia abajo (según su propio pedido).

Poco antes de morir, durante el encarcelamiento más severo, Pablo envió su segundo mensaje a Timoteo. Su ejecución parecía inminente, y escribió a la sombra misma de su sentencia. Si bien se trataba de una comunicación intensamente personal a su joven amigo Timoteo, fue también —y en forma consciente— su última voluntad y testamento para la iglesia.

3. El Timoteo al cual se dirige la carta tenía que enfrentar una posición de responsabilidad y liderazgo cristianos que excedía con creces su capacidad natural.

Durante quince años, desde su primer contacto con el apóstol en su pueblo natal de Listra, Timoteo había sido un fiel compañero misionero de Pablo. Había viajado con él durante casi todo el segundo y tercer viaje, y durante ese transcurso había sido enviado como delegado apostólico en varias misiones especiales; por ejemplo, a Tesalónica y a Corinto (1Ts 3.1ss; 1Co 4.17). Había acompañado a Pablo en su viaje a Jerusalén (Hch 20.1–5), y posiblemente estuvo con él durante el peligroso viaje a Roma. Sí sabemos que estuvo en Roma durante su primer arresto, pues el apóstol incluye el nombre de Timoteo junto con el suyo cuando escribe las cartas conocidas como "carcelarias" a Filemón, a los filipenses y a los colosenses (Flm 1; Fil 1.1; 2.19–24; Col 1.1).

Pablo no sólo tenía un gran afecto por Timoteo como amigo a quien había guiado a Cristo, y al que podía llamar "mi amado y fiel hijo en el Señor" (1Co 4.17). También había llegado a confiar en Timoteo como su "compañero de trabajo" (Ro 16.21) y como "hermano nuestro y colaborador de Dios en el evangelio de Cristo" (1Ts 3.2). Debido a la preocupación genuina de Timoteo por el bienestar de las iglesias y por la lealtad con que "como un hijo junto a su padre" había servido con Pablo en el evangelio, podía llegar a decir que "No tengo a nadie más que, como él, se preocupe de veras por el bienestar de ustedes" (Fil 2.20–22). Entre todos los obreros asociados con Pablo, Timoteo era singular.

Por lo tanto, no sorprende que, superado el primer arresto, Pablo haya dejado a Timoteo en Éfeso como el líder aceptado por la iglesia, una especie de "obispo" en embrión. Grandes responsabilidades se le habían encomendado: combatir a los herejes que trastornaban la iglesia, poner en orden lo relacionado con el culto, seleccionar y ordenar ancianos, establecer ayuda continua para las viudas, enseñar la fe apostólica y las enseñanzas morales que surgen de ella (ver el contenido de la primera carta a Timoteo con sus variadas instrucciones para el líder de la iglesia). Ahora habrían de caer sobre sus hombros cargas más pesadas, pues Pablo estaba a punto de ser martirizado, y la tarea de preservar intacta la enseñanza del apóstol sería suya en mayor medida. Sin embargo, humanamente hablando, Timoteo era completamente incapaz de asumir estas pesadas responsabilidades como líder de la iglesia.

Por una parte, era relativamente joven, y Pablo le había exhortado a que no permitiera que nadie despreciara su juventud (1Ti 4.12), y en su segunda carta, uno o dos años más tarde, le advierte que huya de las "pasiones de la juventud" (2Ti 2.22). No sabemos su edad exacta, pero si tenía aproximadamente 20 años cuando Pablo lo "enroló" como misionero asociado, para esta fecha tendría unos 35 años. Este período de la vida se consideraba como perteneciente a la juventud, pues según E. K. Simpson "entre los griegos y romanos sólo se reconocían dos períodos de vida: *neos* y *geron, juvenis* y *senex*. Los primeros no representaban a personas juveniles como los consideramos hoy día (15–20 años) [...] se trataba de adultos en el pleno vigor de la vida y de soldados en edad militar que se aproximaban a los 40 años". Sin duda, 30–35 años sería una edad temprana para asumir un liderazgo tal como le había sido encomendado a Timoteo.

Además, Timoteo era propenso a las enfermedades. En su primera carta el apóstol hace referencia a sus "frecuentes enfermedades", aunque sin especificar en qué consistían, y le recomienda un tónico. A causa de su estómago, le aconseja que ya no bebiera agua solamente, sino que tomara "un poco de vino" (1Ti 5.23).

En tercer lugar, Timoteo era de temperamento tímido. Parece haber sido de carácter reservado por naturaleza. Si hubiera vivido en nuestra generación, pienso que lo hubiéramos calificado de introvertido. Evidentemente tenía tendencia a evitar tareas difíciles, de manera que al escribir a los corintios Pablo tuvo que prepararle el camino: "Si llega Timoteo, procuren que se sienta cómodo entre ustedes" y también recomendó "que nadie lo menosprecie" (1Co 16.10, 11). Varias veces en esta segunda carta el apóstol exhorta a Timoteo a asumir su cuota de sufrimiento y a no tener temor ni vergüenza, pues Dios no nos ha dado un espíritu de timidez o de cobardía (2Ti 1.7, 8; 2.1, 3; 3.12; 4.5). Estas admoniciones evidentemente eran necesarias, pues Pablo conocía la debilidad de Timoteo. No podía olvidar sus lágrimas cuando habían tenido que separarse (2Ti 1.4). Su tendencia era más bien a apoyarse en su tutor que a liderar.

Éste era entonces Timoteo. Joven en años, físicamente frágil, de disposición tímida, quien no obstante estaba siendo llamado a una posición de responsabilidad exigente en la iglesia de Dios. La grandeza le estaba siendo impuesta, y como Moisés, Jeremías, y una hueste de otros antes y después de él, Timoteo se hallaba extremadamente renuente a aceptarla. ¿Habrá alguno que esté leyendo estas páginas y se encuentre en una condición similar? ¿Es posible que nos sintamos jóvenes y tímidos, y a pesar de ello Dios nos está llamando a tomar un lugar de liderazgo? Esta carta tiene un mensaje especial para todos los "Timoteos" tímidos.

4. La preocupación de Pablo al escribir radicaba en el evangelio, el depósito de verdad que le había sido revelado y encomendado por Dios

La carrera del apóstol en el trabajo del evangelio estaba prácticamente terminada. Por aproximadamente treinta años había predicado fielmente las buenas nuevas, había plantado iglesias, defendido la verdad, consolidado la obra. Ciertamente podía decir: "He peleado la buena batalla, he terminado la carrera, me he mantenido en la fe" (2Ti 4.7). Sólo le esperaba la guirnalda de victoria en la línea de llegada.

¿Pero qué pasaría con el evangelio cuando él muriera y ya no estuviera más? El emperador Nerón estaba decidido a eliminar todas las sociedades secretas e, ignorando la naturaleza de la iglesia cristiana, parecía dispuesto a destruirla. Los herejes parecían estar a la orden del día en el seno de la iglesia. Hacía poco se había producido una apostasía casi total en Asia respecto a las enseñanzas de Pablo (2Ti 1.15). H. Moule llegó a escribir que "el cristianismo [...] temblaba, hablando humanamente, al borde de la aniquilación". ¿Quién entonces entablaría la batalla por la verdad cuando Pablo hubiera dado su vida? Esta era la pregunta que tenía perpleja a su mente mientras estaba encadenado, y se la dirige a sí mismo en esta carta. En su primera carta ya había rogado a Timoteo que guardara con seguridad el depósito: "Timoteo, ¡cuida bien lo que se te ha confiado!" (1Ti 6.20). Pero desde entonces la situación había empeorado y el ruego del apóstol se hace ahora más urgente. Al escribir a su colaborador, le recuerda a Timoteo que el precioso evangelio le ha sido encomendado ahora a él, y que a él le toca asumir la responsabilidad de predicarlo y enseñarlo, defenderlo de ataques y falsificaciones, y asegurar su exacta transmisión a las generaciones venideras. En cada capítulo Pablo vuelve a la misma preocupación central, o a algún aspecto de ella. En verdad podemos resumir el mensaje de la carta en términos de un cuádruple encargo:

CAPÍTULO 1: EL ENCARGO DE DEFENDER EL EVANGELIO

> **2Ti 1.14 Con el poder del Espíritu Santo que vive en nosotros, cuida la preciosa enseñanza que se te ha confiado.**

CAPÍTULO 2: EL ENCARGO DE SUFRIR POR EL EVANGELIO

> **2Ti 2.3 Comparte nuestros sufrimientos, como buen soldado de Cristo Jesús. [...]. 8-9No dejes de recordar a Jesucristo, [...]. Este es mi evangelio, por el que sufro al extremo de llevar cadenas como un criminal.**

CAPÍTULO 3: EL ENCARGO DE PERSEVERAR EN EL EVANGELIO

> **2Ti 3.13 Esos malvados embaucadores irán de mal en peor, engañando y siendo engañados. 14Pero tú, permanece firme en lo que has aprendido y de lo cual estás convencido [...].**

CAPÍTULO 4: EL ENCARGO DE PREDICAR EL EVANGELIO

> **2Ti 4.1 En presencia de Dios y de Cristo Jesús, [...] te doy este solemne encargo: 2Predica la Palabra; persiste en hacerlo, sea o no sea oportuno; corrige, reprende y anima con mucha paciencia, sin dejar de enseñar.**

La iglesia de hoy necesita tomar conocimiento, en forma urgente, del mensaje de esta segunda carta a Timoteo. Por todas partes vemos a personas cristianas y a iglesias que abandonan su firmeza en el evangelio, lo manejan mal y están en peligro de dejarlo caer de las manos. Se requiere una nueva generación de "Timoteos" que guarden con sumo cuidado la preciosa verdad del evangelio, que lo proclamen, que estén dispuestos a sufrir por él, y lo transmitan puro y sin deterioro a la generación que surja para seguir sus pasos.

1

El encargo de defender el evangelio

Antes de llegar al tema principal de este capítulo —el "encargo" a Timoteo de no avergonzarse del evangelio sino de guardarlo celosamente (8–14)—, el apóstol comienza su carta con el acostumbrado saludo personal (1–2) seguido por acción de gracias (3–5) y una exhortación (6–8). En este párrafo inicial nos enfrentamos de una manera muy vívida tanto con Pablo como con Timoteo, con el autor y con el destinatario de la carta. En particular, se nos dice algo acerca de cómo cada uno de ellos había llegado a ser lo que era. Estos versículos arrojan luz sobre la providencia de Dios: cómo Dios transforma a hombres y mujeres hasta lograr su propósito en ellos.

1. Pablo, apóstol de Cristo Jesús │ v. 1

> [1.1] Pablo, apóstol de Cristo Jesús por la voluntad de Dios,
> según la promesa de vida que tenemos en Cristo Jesús.

Al referirse a sí mismo como "apóstol de Cristo Jesús" Pablo presenta una importante demanda. Se clasifica con los doce a quienes Jesús seleccionó personalmente de entre una numerosa compañía de discípulos. A ellos les dio el título especial de "apóstoles" (Lc 6.13), indicando que era su intención enviarlos en misión para representarlo y enseñar en su nombre. Con el fin de capacitarlos para este rol dispuso "que lo acompañaran" (Mr 3.14). De esta forma tendrían oportunidades excepcionales de oír sus enseñanzas, ver sus obras, y así estar en condiciones de testificar sobre todo lo que habían visto y oído de él (Jn 15.27). También les prometió una inspiración extraordinaria del Espíritu Santo para recordarles lo que les había enseñado, y guiarlos a las verdades que Él no hubiera llegado a enseñarles (Jn 14.25–26; 16.12–13).

Pablo reclama haber sido agregado en forma postrera a este selecto grupo. Vio al Señor resucitado en el camino a Damasco, lo cual le dio la calificación que todo apóstol necesitaba: ser testigo de la resurrección (Hch 1.21–26; 1Co 9.1; 15.8–9). En realidad, su experiencia en el camino a Damasco fue más que una conversión; ahí recibió su comisión como apóstol. Cristo le dijo: "Me he aparecido a ti con el fin de designarte siervo y testigo de lo que has visto de mí y de lo que te voy a revelar. Te libraré de tu propio pueblo y de los gentiles" (Hch 26.16–17). Las palabras del Señor "te envío" son, en griego, *ego apostelo se*; literalmente "Yo te apostelo", es decir, yo te establezco como el apóstol de los gentiles (ver Ro 11.13; Gá 1.15–16; 2.9).

Esta comisión jamás sería olvidada por Pablo, quien defendió su misión apostólica y su mensaje contra todos los detractores, insistiendo en que su apostolado vino de Cristo y no de los hombres (Gá 1.1, 11–12). Aun en el momento de escribir, humillado por sus congéneres y a merced de los caprichos del emperador, este prisionero común es un privilegiado apóstol de Cristo Jesús, el Rey de reyes.

Pablo procede a describir su apostolado de dos maneras, recordándole a Timoteo tanto acerca de su origen como de su objetivo.

Su origen fue "la voluntad de Dios". Utiliza las mismas palabras (*dia telematos teou*) al principio de sus dos cartas a los corintios, como así también en las enviadas desde la cárcel a los efesios y a los colosenses. Más aun, en nueve de sus trece cartas, incluyendo la primera (Gálatas) y la última (esta segunda carta a Timoteo), se refiere ya sea a la "voluntad", al "llamamiento" o al "mandato" de Dios por el cual había sido constituido apóstol. Desde el principio hasta el fin de su carrera apostólica tuvo la firme convicción de que su designación como apóstol no se originaba ni en la iglesia, ni en un hombre o grupo de hombres. Tampoco se había autodesignado. Por el contrario, su apostolado se originaba en la voluntad eterna y en el llamado histórico del Dios todopoderoso, por medio de Cristo Jesús.

Entiende el objetivo de su apostolado en relación con "la promesa de vida que tenemos en Cristo Jesús". Vale decir, había sido comisionado como apóstol primero para formular y luego para comunicar el evangelio. Y este consiste en buenas noticias para pecadores moribundos, a quienes Dios les ha prometido vida en Cristo Jesús. Parece singularmente apropiado que, en el momento en que se enfrenta con la muerte cara a cara, Pablo defina al evangelio como "la promesa de vida". Esto es en esencia el evangelio. Ofrece vida —vida verdadera, vida eterna— aquí y en el más allá. Pablo declara que esta vida está "en Cristo Jesús", quien no solo dijo que él era la vida (Jn 14.6), sino que, tal como Pablo lo habría de desarrollar un poco más adelante, "destruyó la muerte y sacó a la luz la vida incorruptible mediante el evangelio" (10).

El evangelio hace algo más que ofrecer vida; en verdad promete vida a todos los que están en Cristo. Declara en forma dogmática que "el que tiene al Hijo, tiene la vida" (1Jn 5.12). En realidad, la Biblia entera bien puede ser descrita como una promesa divina de vida, desde la primera mención del "árbol de la vida" en Génesis 3 hasta el último capítulo del Apocalipsis, donde el pueblo de Dios come del árbol de la vida y bebe del agua de vida gratuitamente. La vida eterna es un don que Dios, "que no miente" (Tit 1.2), prometió desde antes del principio de los siglos, pero ahora ha hecho notorio por la predicación del evangelio (comparar 9–10 con Tit 1.2–3; Ro 1.1–2).

Esta es, pues, la manera en que el apóstol se presenta. Es un apóstol de Cristo Jesús. Su apostolado se originó en la voluntad de Dios y se proyectó en la proclamación del evangelio: "la promesa de vida que tenemos en Cristo Jesús" (1).

2. Timoteo, el hijo querido de Pablo | vv. 2–8

1.2–8 ... a mi querido hijo Timoteo: Que Dios el Padre y Cristo Jesús nuestro Señor te concedan gracia, misericordia y paz. Al recordarte de día y de noche en mis oraciones, siempre doy gracias a Dios, a quien sirvo con una conciencia limpia como lo hicieron mis antepasados. Y al acordarme de tus lágrimas, anhelo verte para llenarme de alegría. Traigo a la memoria tu fe sincera, la cual animó primero a tu abuela Loida y a tu madre Eunice, y ahora te anima a ti. De eso estoy convencido. Por eso te recomiendo que avives la llama del don de Dios que recibiste cuando te impuse las manos. Pues Dios no nos ha dado un espíritu de timidez,

sino de poder, de amor y de dominio propio. Así que no te avergüences de dar testimonio de nuestro Señor, ni tampoco de mí, que por su causa soy prisionero. Al contrario, tú también, con el poder de Dios, debes soportar sufrimientos por el evangelio.

Aquí Pablo llama a Timoteo su "querido hijo" y en otro lugar "mi amado y fiel hijo en el Señor" (1Co 4.17), presumiblemente porque él había sido el instrumento humano utilizado para su conversión. Sin duda, la razón por la cual podía describir a los corintios como "hijos míos amados" era porque "mediante el evangelio yo fui el padre que los engendró en Cristo Jesús" (1Co 4.14–15). Asumimos entonces que cuando Pablo visitó Listra en su primer viaje misionero y "siguieron anunciando las buenas nuevas" (Hch 14.6–7), Timoteo oyó y abrazó la buena noticia, de manera que, al volver Pablo a Listra unos años más tarde en su segundo viaje misionero, "se encontró con un discípulo llamado Timoteo" que ya había adelantado en la vida cristiana, de tal manera que "los hermanos en Listra y en Iconio hablaban bien de Timoteo" (Hch 16.1–2).

A su "querido" hijo Pablo envía ahora su saludo de "gracia… y paz" característico de sus cartas, agregando también "misericordia" en sus dos cartas a Timoteo. Podemos estar seguros de que su triple deseo no es una mera forma protocolar. Son palabras llenas de contenido teológico. Nos dicen mucho acerca de la triste posición del hombre en el pecado y del gran amor de Dios para con él a pesar de su condición. La gracia es la bondad de Dios para con quienes no la merecen, y su misericordia se muestra a los débiles e incapaces que nada pueden hacer por sí mismos. En las parábolas de Jesús vemos la misericordia del buen samaritano para con la víctima de los ladrones, así como del rey para con su siervo que estaba tan hundido en su deuda que no la podía pagar (Lc 10.37; Mt 18.33). Fue también la misericordia la que convirtió a Saulo de Tarso, el blasfemo y perseguidor. "Dios tuvo misericordia de mí", le escribía a Timoteo en su primera carta (1Ti 1.13, 16). Por otra parte, la palabra "paz" nos habla de reconciliación, de la restauración de la armonía en vidas arruinadas por la discordia. Podríamos quizá sintetizar las tres bendiciones del amor de Dios como gracia para los indignos, misericordia para los incapaces y paz para los inquietos, mientras que "Dios el Padre y Cristo Jesús nuestro

Señor" constituyen la fuente de donde fluye esta triple corriente benéfica.

A continuación, encontramos una frase muy personal en la que el apóstol asegura a Timoteo que siempre se acuerda de él: "Al recordarte de día y de noche en mis oraciones" (3); "al acordarme de tus lágrimas" (4); "traigo a la memoria tu fe sincera" (5), y cada vez que me acuerdo de ti "doy gracias a Dios" (3).

Este último punto es de importancia. Indica en Pablo el reconocimiento de que era Dios quien había hecho de Timoteo lo que era. Timoteo no era un apóstol, como lo era Pablo. Aclaraba este punto cuando escribían cartas conjuntamente, como en el caso de Colosenses. "Pablo, apóstol de Cristo Jesús por la voluntad de Dios, y el hermano Timoteo […]". Timoteo era un hermano cristiano. También era un ministro cristiano, un misionero y un delegado apostólico. Dios había estado obrando en su vida para hacer todo esto. Ya sea en forma directa o indirecta, en este párrafo Pablo menciona cuatro influencias importantes que contribuyeron en el forjado y modelado de Timoteo.

a. Cómo fue criado

Pablo se refiere en este párrafo tanto a su propia ascendencia como a la de Timoteo, sus "antepasados" (3), y la madre y la abuela de Timoteo (5). Su mención es apropiada, pues cada persona es en gran medida el producto de su herencia. La mayor influencia formativa en cada uno de nosotros han sido nuestros padres y nuestro hogar. Por eso, las buenas biografías nunca comienzan con los biografiados, sino con sus padres y quizá también con sus abuelos. Es verdad que nadie puede heredar la fe de sus padres en la misma forma en que hereda facetas de su personalidad, pero un niño puede ser guiado a la fe por la enseñanza, el ejemplo y las oraciones de sus padres.

Timoteo había sido criado en un hogar piadoso. Lucas nos dice que era el hijo de un matrimonio mixto, en el sentido de que su padre era griego y su madre judía (Hch 16.1). Probablemente su padre era incrédulo, pero su madre Eunice era una creyente judía que había aceptado el cristianismo. Al parecer, su abuela Loida se había convertido anteriormente, pues Pablo escribe acerca de la "fe sincera" de las tres generaciones (5). Quizá la abuela, la madre, y el hijo debían su conversión a Pablo, cuando él llegó con el evangelio a

Listra. Aun antes de su conversión a Cristo, estas piadosas mujeres judías habían instruido a Timoteo en el Antiguo Testamento, de tal manera que "desde tu niñez" —le dice Pablo— "conoces las Sagradas Escrituras" (3.15). Calvino hizo el comentario de que Timoteo fue "criado en su infancia de tal forma que podía mamar la piedad junto con la leche de su madre". Considere 1 Timoteo 4.6, donde Pablo dice que Timoteo fue "nutrido con las verdades de la fe".

Pablo podía hablar de igual manera de sí mismo. Servía a Dios "con una conciencia limpia", tal como sus antepasados lo habían hecho (3). Por supuesto que su fe se enriqueció, se amplió y profundizó cuando Dios le reveló a Cristo. Sin embargo, era en sustancia la misma fe de los creyentes del Antiguo Testamento, como Abraham y David, tal como lo argumenta en Romanos 4, pues era el mismo Dios en que todos habían creído. No sorprende, pues, que pudiera afirmar ante Félix el procurador: "adoro al Dios de nuestros antepasados" (Hch 24.14; ver 26.6). Debemos recordar esto al testificar a judíos hoy en día. Una conversión a Cristo no es de ninguna manera un acto de deslealtad a los padres, sino el cumplimiento de la fe y la esperanza de los antepasados.

Volviendo a Timoteo, la primera influencia fue su crianza y en particular una madre y una abuela que eran creyentes sinceras y que le habían enseñado las Escrituras desde su niñez. Hoy también, todo el que ha nacido y ha sido criado en un hogar cristiano ha recibido de Dios una bendición que excede todo precio.

b. Su amistad espiritual

Después de nuestros padres, los amigos son quienes más influencia tienen sobre nosotros, y especialmente si en alguna manera son también maestros. Timoteo tenía en Pablo un amigo y maestro sobresaliente.

Ya hemos visto que Pablo era el "padre" espiritual de Timoteo (Fil 2.20–22). Habiéndolo guiado a Cristo, no lo abandonó ni lo olvidó. Por el contrario, se acordaba de él constantemente, tal como lo dice en forma repetida en este pasaje. También lo había llevado consigo en sus viajes, enseñándole como a un aprendiz. Al despedirse la última vez, Timoteo no había podido contener sus lágrimas. Ahora, al acordarse de ellas, Pablo deseaba noche y día volver a verlo para "[llenarse] de alegría" (4) como quien, según H. Moule traduce *epipoton*, "anhela el hogar distante". Mientras eso no ocurría, oraba por él sin cesar (3) y, de tanto en tanto, le escribía cartas de estímulo y consejo como ésta.

Tal amistad cristiana (incluyendo el compañerismo, las cartas y las oraciones a través de las cuales se expresaba) no pudo dejar de tener un poderoso efecto en la formación de Timoteo, fortaleciéndolo y sosteniéndolo en su vida y en el servicio cristiano.

Doy gracias a Dios por el hombre que me guió a Cristo y por la extraordinaria devoción con que me nutrió en los primeros años de mi vida cristiana. Me escribió todas las semanas, si recuerdo bien, durante siete años. También oró por mí diariamente durante muchos años. Recién comienzo a comprender lo que le debo en el Señor a un amigo y pastor tan fiel.

c. Su don especial

Pablo se vuelve ahora uno de los medios indirectos que Dios utilizó para formar el carácter cristiano en Timoteo (su familia y amigos), para hablar de un don que Dios le había dado en forma directa. "Por eso te recomiendo que avives la llama del don de Dios que recibiste cuando te impuse las manos" (6). No podemos afirmar con certeza en qué consistía este don de la gracia de Dios, este carisma, por la sencilla razón de que no se nos dice. No tenemos libertad de ir más allá de las Escrituras. No obstante, podemos arriesgar alguna conjetura, siempre que reconozcamos que es sólo de naturaleza tentativa. Lo que parece claro, tanto en este pasaje como en una referencia similar que aparece en 1 Timoteo 4.14, es que el don fue recibido cuando Pablo y ciertos "ancianos" (probablemente de la iglesia en Listra) impusieron sus manos sobre él. En las dos cartas estos versículos mencionan la imposición de manos y parecen referirse a lo que nosotros podríamos llamar ordenación, comisión, o encomendamiento. Si nuestro análisis es correcto, podemos entonces asumir que se trataba de un don relacionado con su ministerio. Pablo puede estar refiriéndose al ministerio en sí, al cual por medio de la imposición de manos Timoteo había sido separado. Sin lugar a dudas los oficios de pastor y maestro, como los de apóstol y profeta, son dones designados por la gracia de Dios (Ef 4.7, 11). Es posible que Alford esté en lo cierto cuando dice que el "don espiritual es el de enseñar y gobernar la iglesia". O quizá la referencia sea al don de evangelista, al cual más adelante Pablo se ha de referir exhortando a Timoteo a que lo ejercite, y cumpla su ministerio. También, ya que el apóstol procede de inmediato a hablar de la clase de espíritu que Dios nos ha dado (7), podría estar aludiendo a la unción especial o dotación del Espíritu que Timoteo recibió al ser comisionado, a fin de equiparlo para el trabajo al cual había sido llamado. En mi opinión, considero que es más seguro describir el carisma de Timoteo con las palabras de Alfredo Plummer: "la autoridad y el poder para ser un ministro de Cristo". Vale decir que incluía tanto el oficio como el equipamiento espiritual requerido para cumplirlo.

Aprendemos, pues, que cada persona no es solo lo que le debe a sus padres, amigos y maestros, sino lo que Dios mismo le ha hecho, al llamarlo a un ministerio particular y dotarlo de los recursos espirituales apropiados.

d. Su disciplina personal

En verdad, todos los dones de Dios, naturales o espirituales, necesitan ser desarrollados y utilizados. Las parábolas de nuestro Señor sobre los talentos ilustran claramente la responsabilidad en el servicio, la recompensa a la fidelidad y el peligro de la pereza. Por esto, Pablo le dice a Timoteo en su primera carta que no descuide su don (4.14), y en su segunda carta, que lo "avive" (6). El don se compara a un fuego. El verbo griego *anazopureo*, que no aparece en ningún otro lugar del Nuevo Testamento, no implica que Timoteo haya dejado que el fuego se apague y que ahora necesite avivar brasas para producir nuevamente las llamas. El prefijo *ana* puede significar tanto agitar como enardecer. Parece, entonces, que la exhortación de Pablo es para que continúe avivando o agitando el fuego interior; manteniéndolo vivo o, más aun, ardiente por medio del fiel ejercicio del don y esperando en Dios en oración para que sea constantemente renovado.

Habiendo hecho esta apelación, Pablo inmediatamente agrega sus razones: "Pues Dios no nos ha dado un espíritu de timidez, sino de poder, de amor y de dominio propio" (7). Ya hemos considerado los problemas de edad, salud, y temperamento con los cuales Timoteo debía luchar. Parece haber sido una persona tímida y sensible, para quien la responsabilidad era una carga onerosa. Quizá también era temeroso de los excesos espirituales y extravagancias, por lo que

Pablo se ve obligado no sólo a insistir en que continúe avivando su don, sino a asegurarle también que no debe ser tímido en su ejercicio.

¿Por qué no? Porque la timidez o la cobardía no tienen nada que ver con el cristianismo. O, como lo expresa Pablo, a causa del Espíritu que Dios nos ha dado. Observe que, si bien un don espiritual particular le fue dado a Timoteo, el don del Espíritu nos ha sido dado a todos los que estamos en Cristo. Y este Espíritu que Dios nos ha dado a todos no es un Espíritu de timidez, sino "de poder, de amor y de dominio propio". Ya que es Espíritu de poder, podemos estar confiados en su capacitación a medida que ejercitamos nuestro ministerio. Dado que es Espíritu de amor debemos utilizar la autoridad y el poder del Señor para servir a otros, no para confirmarnos a nosotros mismos ni por vanagloria. Y ya que es Espíritu de dominio propio debemos utilizarlo con la correspondiente reverencia y discreción.

Hasta ahora hemos estudiado lo que los siete primeros versículos de la carta nos dicen acerca de estos dos hombres, Pablo y Timoteo, y de su formación. Pablo afirma ser apóstol de Jesucristo "por la voluntad de Dios", como en otra ocasión había dicho que "por la gracia de Dios" era lo que era (1Co 15.10). Un conjunto de factores había hecho de Timoteo lo que él era: su crianza piadosa, la amistad de Pablo y su entrenamiento, el don que Dios le había dado, y su autodisciplina en avivarlo y ejercitarlo.

En principio, lo mismo ocurre con todo el pueblo de Dios. Quizá lo más sorprendente es la combinación, tanto en Pablo como en Timoteo, de la soberanía divina y de la responsabilidad humana, esos dos factores de revelación y experiencia que encontramos tan difíciles de reconciliar, e imposibles de sistematizar en una definición doctrinal ordenada.

Pablo podía escribir acerca de la voluntad de Dios y afirmar que la gracia de Dios había hecho de él lo que era, y que "la gracia que él me concedió no fue infructuosa. Al contrario, he trabajado con más tesón que todos ellos, aunque no yo sino la gracia de Dios que está conmigo" (1Co 15.10). Él agregó su trabajo a la gracia de Dios, aunque con toda certeza podemos decir que fue la gracia de Dios la que inspiró su labor.

Lo mismo ocurrió con Timoteo. Su madre y su abuela le enseñaron las Escrituras y lo guiaron hacia la conversión. Pablo lo llevó a Cristo, lo ganó como amigo, oró por él, le escribió cartas, lo entrenó y aconsejó. Por su parte, Dios le dio un don especial con su comisión; sin embargo, Timoteo debía por sí mismo ejercitar o avivar el don espiritual que llevaba dentro. Él debía agregar su propia disciplina a los dones de Dios.

Nuestro caso no es diferente. No importa cuánto o cuán poco hayamos recibido de Dios, ya sea directamente porque nos otorgó dones naturales y espirituales o indirectamente por medio de nuestros padres, amigos, y maestros, igual debemos dedicarnos con una activa autodisciplina a cooperar, con la gracia de Dios, avivando el fuego interior hasta hacerlo arder. De lo contrario, nunca llegaremos a ser lo que Dios quiere que seamos, o a cumplir el ministerio que nos ha encomendado.

Pablo ahora se vuelve de los variados factores que habían contribuido en la formación de Timoteo a la verdad del evangelio y a su responsabilidad con respecto a éste. Antes de definir el evangelio, le ruega a Timoteo que no se avergüence de él (8). El sufrimiento, no la vergüenza, debe caracterizar el ministerio de Timoteo. Puede ser joven, débil y tímido. Quizá se retraiga de las responsabilidades a las cuales es llamado. Pero Dios lo ha dotado y moldeado para su ministerio, y por tanto no debe avergonzarse ni tener miedo de ejercerlo.

Para comenzar, esto significa que Timoteo no debía avergonzarse de Cristo o de "dar testimonio de nuestro Señor". Cada creyente es testigo de Cristo, y el testimonio cristiano es esencialmente acerca de Jesús (ver Jn 15.26, 27; Hch 1.8). Así, pues, todo creyente debe estar preparado y dispuesto a ser considerado ignorante o insensato "por amor de Cristo" (ver 1Co 4.10); ¡pero no es necesario que pase por insensato por causa de ningún otro!

Además, si Timoteo no debía avergonzarse del Señor, tampoco debía avergonzarse de Pablo. Es posible estar orgullosos de Cristo pero a la vez tener vergüenza de nuestro pueblo y sentirnos incómodos por estar asociados con él. Al parecer, cuando Pablo fue arrestado por segunda vez y encadenado, casi todos sus antiguos colaboradores lo abandonaron o tuvieron que separarse de él (15). Ahora le ruega a Timoteo que no haga lo mismo. A los ojos de los hombres puede aparecer como el prisionero del emperador, pero en realidad es el prisionero del Señor, su cautivo voluntario, y aprisionado solamente con permiso de Cristo y por causa de él.

Timoteo tampoco debía avergonzarse, sino, por el contrario, aceptar su porción de sufrimiento por causa de su Señor. Débil como era, podía fortalecerse con el poder de Dios para soportarlo. Ya que el evangelio del Cristo crucificado —locura para algunos y tropezadero o tropiezo para otros (1Co 1.23)— siempre provoca oposición, debía estar preparado para sufrirla. Al oponerse al mensaje, la gente se opone también a sus mensajeros, quienes tendrán que "soportar sufrimientos por el evangelio" (8).

Éstas son hasta el día de hoy las tres áreas principales en las que los cristianos, como Timoteo, somos tentados a sentirnos avergonzados: del nombre de Cristo, al cual somos llamados a testificar; del pueblo de Cristo, al que pertenecemos si somos de él, o del evangelio de Cristo, el cual nos ha sido confiado para su difusión. La tentación es fuerte e insidiosa. Si Timoteo no la hubiera sentido, Pablo no lo habría exhortado de esta manera. Si Pablo mismo no la hubiera sentido, no hubiera sido necesario que, con tanta vehemencia, tiempo atrás, afirmara: "No me avergüenzo del evangelio, pues es poder de Dios para la salvación de todos los que creen" (Ro 1.16). Es más, si no fuera esta una tentación común a todos los seguidores de Cristo, nuestro Señor no hubiera expresado la solemne advertencia: "Si alguien se avergüenza de mí y de mis palabras en medio de esta generación adúltera y pecadora, también el Hijo del hombre se avergonzará de él cuando venga en la gloria de su Padre con los santos ángeles" (Mr 8.38). Todos somos mucho más sensibles a la opinión pública de lo que nos gusta admitir y, como los juncos doblegados por el viento, tendemos a inclinarnos con demasiada facilidad ante aquella presión.

A continuación, Pablo amplía sus conceptos sobre el evangelio del cual Timoteo no debe avergonzarse, y del que debe aceptar su porción de sufrimiento. Comienza por esbozar sus características principales (9–10) y luego resume nuestra responsabilidad con respecto a ellas (11–18). Éste es el doble tema del resto del capítulo: el evangelio de Dios y nuestra responsabilidad.

3. El evangelio de Dios | vv. 9–10

[1.9-10] **Pues Dios nos salvó y nos llamó a una vida santa, no por nuestras propias obras, sino por su propia determinación**

> **y gracia. Nos concedió este favor en Cristo Jesús antes del comienzo del tiempo; y ahora lo ha revelado con la venida de nuestro Salvador Cristo Jesús, quien destruyó la muerte y sacó a la luz la vida incorruptible mediante el evangelio.**

Es sorprendente ver cómo Pablo pasa repentinamente de una referencia al evangelio a la afirmación central "Dios nos salvó" (9). En realidad, es imposible hablar del evangelio sin hablar de la salvación. El evangelio es precisamente esto: buenas noticias de salvación, o buenas noticias de nuestro Salvador Jesucristo (10). Desde que las buenas nuevas de gran gozo fueron anunciadas por primera vez en términos del nacimiento de "un Salvador, que es Cristo el Señor" (Lc 2.10–11), los seguidores de Cristo siempre han reconocido su contenido esencial. Pablo mismo nunca vaciló. En Antioquía de Pisidia durante su primer viaje misionero se refirió al evangelio que anunciaba como el "mensaje de salvación" (Hch 13.26). En Filipos, en su segundo viaje misionero, él y sus compañeros fueron llamados "siervos del Dios Altísimo", calificados como quienes "les anuncian a ustedes el camino de salvación" (Hch 16.17), y escribiendo a los efesios desde Roma, llamó a la palabra de verdad "el evangelio que les trajo la salvación" (Ef 1.13).

Aquí también, al escribir acerca del evangelio, vuelve a repetir la terminología que utilizó con frecuencia: que somos salvos en Cristo Jesús por el propósito, la gracia, y el llamado de Dios, y no conforme a nuestras obras. Está exponiendo en esta su última carta el mismo evangelio que expuso en su primera carta, Gálatas. Su evangelio no ha cambiado con el correr de los años. Hay un solo evangelio de salvación. Y si bien ambas palabras, "evangelio" y "salvación", deben ser hoy traducidas en términos que tengan sentido para el hombre moderno, no tenemos derecho de alterar la sustancia de su mensaje. Al analizar más de cerca la concisa declaración del evangelio de Dios efectuada en estos versículos, notaremos que indica su carácter (lo que es), su fuente (de dónde viene), y su base (dónde descansa).

a. El carácter de la salvación

Es necesario reunir las tres cláusulas que aseveran que "nos salvó", "nos llamó a una vida santa" y "sacó a luz la vida incorruptible mediante el evangelio" ("la vida y la inmortalidad", RVR 60). Estas expresiones demuestran claramente que el evangelio es mucho más que un simple perdón. El Dios que "nos salvó", también en forma simultánea nos "llamó a una vida santa", vale decir, "nos llamó para ser santos". El llamado cristiano es un llamamiento santo. Cuando Dios llama a un hombre o a una mujer, los llama también a la santidad. Pablo había puesto sumo énfasis en este aspecto en cartas anteriores: "Dios no nos llamó a la impureza sino a la santidad" (1Ts 4.7). Todos somos "llamados a ser su santo pueblo", a vivir como el pueblo de Dios santo y separado (1Co 1.2). Pero si la santidad es parte integral del plan de salvación de Dios, también lo es la "inmortalidad", de la cual escribe en el versículo siguiente (10, RVR 60). En verdad, "perdón", "santidad" y "vida incorruptible" o inmortalidad son los tres aspectos de la gran "salvación de Dios".

El término "salvación" necesita ser rescatado urgentemente de los pobres y mezquinos conceptos a los que ha sido degradado. "Salvación" es una palabra majestuosa que denota aquel vasto propósito de Dios por el cual justifica, santifica y glorifica a su pueblo; primero, perdonando sus ofensas y aceptándolo como justo a sus ojos por medio de Cristo, luego transformándolo progresivamente por su Espíritu en la imagen de su Hijo, hasta que finalmente lleguemos a ser como Cristo en el cielo, con nuevos cuerpos en un mundo nuevo. No debemos disminuir la grandeza de una "salvación tan grande" (Heb 2.3).

b. La fuente de salvación

¿De dónde proviene una salvación tan grande? Pablo responde: "no por nuestras propias obras, sino por su propia determinación y gracia. Nos concedió este favor en Cristo Jesús antes del comienzo del tiempo" (9). Si deseamos rastrear el río de salvación hasta su propio origen debemos mirar bien atrás, superando al tiempo y remontándonos a la eternidad pasada. Las palabras del apóstol son: "antes del comienzo del tiempo", una expresión que puede ser traducida como "antes de que el mundo comenzara", "antes de que el tiempo comenzara" y "desde toda la eternidad".

Con el fin de dejar fuera de duda que la verdad de la predestinación y elección de Dios pertenecen a la eternidad y no al tiempo, Pablo utiliza un participio aoristo (pretérito de la conjugación griega que equivale aproximadamente al indefinido del castellano) para indicar que Dios nos dio algo (*doteisan*) desde toda la eternidad en Cristo.

Lo que nos dio, afirma Pablo, fue "su propia determinación y gracia", una expresión compleja para transmitir, que sería algo así como "su propio propósito de gracia". Su propósito salvador no era arbitrario sino de gracia. Por lo tanto, es claro y evidente que no son nuestras obras la fuente de nuestra salvación, pues Dios nos dio su propio propósito de gracia en Cristo *antes* de que hiciéramos buenas obras, antes de que naciéramos y pudiéramos hacerlas, más aun, antes de la historia y del tiempo, ¡en la eternidad!

Debemos confesar que la doctrina de la elección es difícil de entender con mentes finitas. Enfatiza que la salvación se debe solamente a la gracia de Dios y no a mérito alguno del ser humano; no a nuestras obras realizadas en el tiempo, sino al propósito de Dios concebido en la eternidad. "Ese propósito", tal como lo expresó Ellicott, "que no fue sugerido por algo exterior, sino que surgió de la más recóndita profundidad de la divina *eudokia*".

O bien, en las palabras de E. K. Simpson: "Las elecciones divinas tienen bases insondables, pero no están fundadas en la innata elegibilidad de los escogidos". Así entendido, el propósito de Dios en la elección es forzosamente misterioso para nosotros, pues no podemos aspirar a un entendimiento de las decisiones y pensamientos secretos de la mente de Dios.

No obstante, debemos señalar que la doctrina de la elección nunca es introducida en las Escrituras para despertar o confundir nuestra curiosidad carnal, sino siempre con un propósito práctico. Por una parte, engendra profunda humildad y gratitud, pues excluye toda jactancia. Por otra, trae paz y seguridad, pues nada puede aquietar tan cabalmente los temores acerca de nuestra estabilidad como saber que nuestra seguridad depende, en última instancia, no de nosotros mismos sino del propósito de la gracia divina.

c. La base de la salvación

Nuestra salvación descansa firmemente sobre la obra histórica realizada por Cristo Jesús en su primera venida. Aunque Dios nos "concedió" su gracia en Cristo "antes del comienzo del tiempo", la "ha revelado" en el tiempo, "ahora", por la aparición de Cristo Jesús, nuestro Salvador. Ambas etapas divinas fueron en y por Cristo Jesús, pero la decisión de la entrega fue eterna y secreta, mientras que la manifestación fue histórica y pública.

¿Qué, pues, fue lo que hizo Cristo cuando apareció y procedió a manifestar el eterno propósito de gracia? Pablo da en el versículo 10 una doble respuesta. Primero, "destruyó la muerte". Segundo, "sacó a la luz la vida incorruptible mediante el evangelio".

En primer lugar, Cristo abolió la muerte. "Muerte" es en realidad la palabra que resume nuestro drama humano como resultado del pecado. La muerte es la "paga" del pecado, su horrible penalidad (Ro 6.23), y esto es verdad en cada una de las formas en que la muerte se manifiesta. Las Escrituras hablan de la muerte en tres aspectos. La muerte física, en la que se opera la separación de alma y cuerpo; la muerte espiritual, es decir, en la que el alma se separa de Dios, y la muerte eterna, en la que tanto el alma como el cuerpo se separan de Dios para siempre. Todas son consecuencias del pecado, son su terrible pero justa recompensa.

Sin embargo, Jesucristo "destruyó" la muerte. Esto no significa que la eliminó, tal como la experiencia diaria nos lo demuestra. Los pecadores aún siguen "muertos en sus transgresiones y pecados", en los cuales andan (Ef 2.1–2) hasta que Dios los vivifica en Cristo. Todos los seres humanos mueren físicamente y continuarán muriendo, con excepción de la generación que todavía esté viva cuando Cristo regrese en gloria. Algunos han de padecer "la muerte segunda", que es una de las terribles expresiones utilizadas en el libro de Apocalipsis para el infierno (Ap 20.14; 21.8). En efecto, Pablo había escrito anteriormente que la abolición final de la muerte es un hecho futuro, siendo el último enemigo que será destruido (1Co 15.26). Sólo cuando se produzca el regreso de Cristo y la resurrección de los muertos podremos gritar con gozo: "La muerte ha sido devorada por la victoria" (1Co 15.54; ver Ap 21.4).

Lo que se afirma victoriosamente en este versículo por medio de Pablo es que en su primera aparición Cristo "derrotó" en forma decisiva a la muerte. El verbo griego *katargeo* no es en sí concluyente, y puede ser utilizado con una variedad de significados que deben ser definidos por el contexto. No obstante, su primera y principal acepción es la de "hacer inefectivo, inoperante, fútil o nulo". Así Pablo compara a la muerte con un escorpión cuyo aguijón ha sido quitado, o con un comandante militar cuyo ejército ha sido vencido; y puede gritar en tono desafiante: "¿Dónde está, oh muerte, tu victoria? ¿Dónde está, oh muerte, tu aguijón?" (1Co 15.55). Cristo ha quebrado el poder de la muerte.

Es muy significativo que este mismo verbo *katargeo* se utiliza en el Nuevo Testamento con referencia al diablo y a nuestra naturaleza caída, además de la muerte (Heb 2.14; Ro 6.6). Ni el diablo, ni nuestra naturaleza caída, ni la muerte han sido aniquilados, pero por el poder de Cristo la tiranía de cada uno de ellos ha sido quebrada, de tal forma que si estamos en Cristo podemos ser liberados.

Consideremos en particular de qué manera Cristo "destruyó" o "abolió" (LBLA) la muerte. La muerte física ya no es un horrible ogro, como lo era para nosotros antes y como lo es aún para los que no han sido liberados por Cristo. "Por temor a la muerte" están "sometidos a esclavitud durante toda la vida" (Heb 2.15). Para el creyente, la muerte es sencillamente "dormir" en Cristo. En realidad, es una "ganancia" positiva, el portal para entrar a "estar" con Cristo, lo cual "es muchísimo mejor". Es una de las posesiones que vienen a ser "nuestras" cuando somos de Cristo (1Ts 4.14, 15; Fil 1.21, 23; 1Co 3.22, 23). La muerte ha llegado a ser tan inocua que Jesús mismo llegó a declarar que el creyente, aunque esté muerto, "no morirá jamás" (Jn 11.25, 26). Además, es absolutamente cierto que la muerte jamás podrá apartarnos del amor de Dios en Cristo Jesús (Ro 8.38, 39). Para los cristianos, la muerte espiritual ha cedido su lugar a esa vida eterna que consiste en la comunión con Dios iniciada en la tierra y perfeccionada en el cielo. Asimismo, toda persona que pertenece a Cristo "no sufrirá daño alguno de la segunda muerte", pues ya ha pasado de la muerte a la vida (Ap 2.11; Jn 5.24; 1Jn 3.14).

En segundo lugar, Cristo "sacó a luz la vida y la inmortalidad por el evangelio". Esta es la contraparte positiva. Es por su muerte y resurrección que Cristo abolió la muerte, y es por el evangelio que ahora revela lo que ha hecho, ofreciendo a los hombres la vida y la inmortalidad que ha logrado para ellos. No está muy claro si debemos distinguir entre las palabras "vida" e "inmortalidad". Tal vez sean sinónimos, en los que la segunda palabra es una definición de la primera. Vale decir que la clase de vida que Cristo nos aseguró, y ahora da a conocer y ofrece por el evangelio, es vida eterna, una vida que es inmortal e incorruptible. Solo Dios posee inmortalidad en sí mismo, pero Cristo la da a los seres humanos. Después de la resurrección nuestro cuerpo compartirá esta inmortalidad (1Co 15.42, 52–54). Lo mismo podemos decir de la herencia que recibiremos (1P 1.4). Por otra parte, como escribe C. K. Barrett:

"Posiblemente 'vida' se refiere a la vida nueva que nos es dada en este mundo, 'inmortalidad' a su prolongación después de la muerte". De cualquier manera, ambas son "reveladas" o "sacadas a la luz" por el evangelio. Hay muchas referencias en el Antiguo Testamento acerca de una vida después de la muerte y algunos rayos brillantes de fe, pero en general la revelación del Antiguo Testamento fue lo que el obispo Moule llamó un "crepúsculo comparativo". Ahora, el evangelio arroja torrentes de luz sobre el ofrecimiento de vida inmortal por medio de la conquista de la muerte concretada por Cristo.

Para apreciar toda la fuerza de esta afirmación cristiana debemos meditar en la persona que la efectúa. ¿Quién es este que escribe con tanta confianza acerca de la vida y la muerte, acerca de la abolición de la muerte y la revelación de la vida? Es uno que enfrenta para sí la posibilidad inminente de la muerte. En cualquier momento espera recibir la sentencia final. Ya resuenan en sus oídos las últimas notificaciones. Puede ver en su imaginación el resplandor de la espada de su ejecutor. Pero aun en la misma presencia de la muerte es capaz de gritar en voz alta: "Cristo Jesús… destruyó la muerte". ¡Ésta es fe cristiana triunfante!

¡Cuánto anhelamos que la iglesia contemporánea recupere esa seguridad perdida acerca de la victoria de Cristo Jesús, y declare esta buena nueva a un mundo para el cual la muerte es el gran tema que todos evitan mencionar! La revista *The Observer* dedicó hace algunos años un número completo a la muerte, y comentaba: "Lejos de estar preparada para la muerte, la sociedad moderna ha hecho que la misma palabra sea casi prohibida… Hemos utilizado todos nuestros talentos para evitar la perspectiva de morir, y cuando llega el momento es posible que reaccionemos ya sea con excesiva trivialidad o con desesperación total".

Una de las pruebas más exigentes que podemos aplicar a cualquier religión es analizar su actitud hacia la muerte. Medido con esta vara, gran parte del así llamado cristianismo, con sus negras vestimentas de luto, sus endechas y misas para el reposo de los muertos, se muestra defectuoso.

Es claro que morir puede ser muy desagradable, y la separación puede traer amarga tristeza. Pero la muerte ha sido vencida, y "Dichosos los que […] mueren en el Señor" (Ap 14.13). La lápida adecuada para un creyente verdadero no es una vaga petición como Q. E. P. D. ("Que en paz descanse"), sino la afirmación cierta y gozosa: ¡Cristo abolió la muerte!

Tal es la salvación que se nos ofrece en el evangelio y que es nuestra en Jesucristo. Consiste en una nueva creación y nuestra transformación en la santidad de Cristo desde ahora y en el más allá. Su fuente es el eterno propósito de la gracia de Dios. Su base es la aparición histórica de Cristo y su abolición de la muerte.

Juntando estas grandes verdades, podemos detectar cinco etapas por las cuales el propósito salvador de Dios se desarrolla: la primera es el eterno don de su gracia en Cristo; la segunda es la aparición histórica de Cristo para abolir la muerte por medio de su muerte y resurrección; la tercera es el llamado personal de Dios a los pecadores por medio de la predicación del evangelio; la cuarta es la santificación moral de los creyentes por el Espíritu Santo, y la quinta es la perfección celestial final cuando el llamamiento santo sea consumado.

El alcance del propósito de la gracia de Dios es realmente majestuoso, y es trazado por Pablo desde la eternidad pasada a través de un desarrollo histórico en Cristo Jesús y en los cristianos, y proyectándose a un destino final con Cristo y como Cristo, en una inmortalidad futura. ¿No es verdaderamente maravilloso que, aunque el cuerpo de Pablo estaba confinado a los estrechos límites de una celda subterránea, su mente y corazón pudieran remontarse hasta la eternidad?

4. Nuestro deber en relación con el evangelio de Dios | vv. 11–18

^{1.11–18} **De este evangelio he sido yo designado heraldo, apóstol y maestro. Por ese motivo padezco estos sufrimientos. Pero no me avergüenzo, porque sé en quién he creído, y estoy seguro de que tiene poder para guardar hasta aquel día lo que le he confiado. Con fe y amor en Cristo Jesús, sigue el ejemplo de la sana doctrina que de mí aprendiste. Con el poder del Espíritu Santo que vive en nosotros, cuida la preciosa enseñanza que se te ha confiado. Ya sabes que todos los de la provincia de Asia me han abandonado,**

incluso Figelo y Hermógenes. Que el Señor le conceda misericordia a la familia de Onesíforo, porque muchas veces me dio ánimo y no se avergonzó de mis cadenas. Al contrario, cuando estuvo en Roma me buscó sin descanso hasta encontrarme. Que el Señor le conceda hallar misericordia divina en aquel día. Tú conoces muy bien los muchos servicios que me prestó en Éfeso.

Si le preguntáramos a Pablo cuál es el primer deber del ser humano con respecto al evangelio, nos diría que es recibirlo y vivir conforme a él. Pero su preocupación central aquí no es con el deber del incrédulo sino del creyente una vez que ha abrazado el evangelio. Pablo da tres respuestas a la pregunta sobre nuestro deber hacia el evangelio.

a. Nuestro deber de comunicar el evangelio | v. 11

Si "la vida incorruptible" que Cristo logró son sacadas "a la luz… mediante el evangelio", es claro que nuestro imperativo debe ser proclamarlo. Así Pablo continúa diciendo que fue "designado heraldo, apóstol y maestro" de él. La misma combinación de palabras aparece en 1 Timoteo 2.7, y en ambos casos Pablo utiliza el enfático *ego*, sin duda para expresar su sentido de asombro personal de que se le hubiera dado este privilegio.

Quizá podemos relacionar los tres oficios de "apóstol", "heraldo", y "maestro" diciendo que los apóstoles formulan el evangelio, los predicadores lo proclaman como heraldos, y los maestros instruyen a las personas en forma sistemática en su doctrina e implicancias éticas.

Es mi convicción que hoy no hay apóstoles de Cristo. Ya hemos visto el uso y la aplicación restringida de esta palabra en el Nuevo Testamento. El evangelio fue formulado por los apóstoles y ahora ha sido legado a la iglesia. Se encuentra en su forma definitiva en el Nuevo Testamento. Esta fe apostólica del Nuevo Testamento es rectora de la iglesia en todo tiempo y lugar. La iglesia está edificada "sobre el fundamento de los apóstoles y profetas" (Ef 2.20). No hay otro evangelio y no puede haber un nuevo evangelio.

Si bien no existen hoy apóstoles de Cristo, ciertamente hay predicadores y maestros, hombres y mujeres llamados por Dios para dedicarse a la obra de predicar y enseñar. Nótese que son llamados a predicar y enseñar el evangelio. En ciertos círculos teológicos está de moda distinguir en forma tajante entre *kerigma* (lo que fue predicado) y *didaqué* (lo que fue enseñado). *Kerigma* es esencialmente las buenas nuevas de Cristo crucificado y resucitado, con el llamado al arrepentimiento y la fe, y *didaqué*, mayormente, la instrucción ética a los convertidos. La distinción es útil, pero puede ser exagerada. Debemos recordar cómo se entrelazaban. Había mucha *didaqué* en el *kerigma* y mucho *kerigma* en la *didaqué*, estando ambos relacionados con el evangelio, pues el *kerigma* era la proclamación de su esencia, mientras la *didaqué* incluía las grandes doctrinas que lo fundamentan, además del comportamiento moral que de él surge.

La referencia al "testimonio" en el versículo 8, que ya hemos considerado, agrega una cuarta palabra a la enumeración. Nos recuerda que, si bien ya no hay apóstoles, y que solo algunos son llamados a predicar y a enseñar, todo creyente cristiano debe ser un testigo y testificar de Cristo Jesús con su propia experiencia personal.

b. Nuestro deber de sufrir por el evangelio | v. 12a

Pablo ya ha aconsejado a Timoteo que no debe avergonzarse, sino asumir su parte de sufrimiento por el evangelio (8), y ampliará más el tema en el segundo capítulo de la carta. Ahora le recalca que no le está pidiendo algo que él mismo no esté dispuesto a hacer. "Por ese motivo padezco estos sufrimientos. Pero no me avergüenzo…". ¿Cuál es la razón para esta relación entre el sufrimiento y el evangelio? ¿Qué tiene el evangelio que los hombres odian y rechazan, y en razón de lo cual quienes lo predican deben sufrir?

Precisamente esto: Dios salva a los pecadores en virtud de su propósito y gracia, y no con base en las buenas obras de ellos (9). Es la inmerecida gratuidad del evangelio la que ofende. El hombre "natural", no regenerado, odia tener que admitir la gravedad de su pecado y culpabilidad, su absoluta incapacidad para salvarse a sí mismo, la necesidad indispensable de la gracia de Dios y la muerte expiatoria de Cristo para salvarle y, en consecuencia, su inevitable deuda para con la cruz. Esto es lo que Pablo llamaba "el tropiezo de la cruz" (Gá 5.11, RVR 60). Muchos predicadores claudican ante la tentación de silenciarlo. Predican acerca del ser humano y sus méritos en lugar de predicar sobre la obra de Cristo y su cruz, y sustituyen el uno por el otro solamente para "evitar ser perseguidos por causa de la cruz de Cristo" (Gá 6.12; ver 5.11). Nadie puede predicar con fidelidad a Cristo crucificado y escapar a la oposición o a la persecución.

c. El deber de defender el evangelio | vv. 12b–18

Dejando a un lado por un momento la segunda parte del versículo 12, vayamos a la doble exhortación de Pablo en los dos versículos siguientes: "sigue el ejemplo de la sana doctrina que de mí aprendiste" (13) "cuida la preciosa enseñanza" (14) (DHH: "Cuida la buena doctrina que se te ha encomendado"). Pablo describe aquí al evangelio, la fe apostólica, con dos expresiones: la sana doctrina (13) y la preciosa enseñanza (14).

"Sana doctrina" o "sanas palabras" (RVR 60) son palabras "saludables". En el griego esta expresión se utiliza en los Evangelios al hablar de las personas a las que Jesús sanó. Antes habían estado enfermas o atrofiadas, ahora estaban bien, o "sanas". Así la fe cristiana viene a ser "sana doctrina" que consiste en "sanas palabras", porque no está enferma ni atrofiada, sino entera. En otra oportunidad, Pablo habla del tema en términos de "todo el propósito de Dios" (Hch 20.27). Estas "sanas palabras" (RVR 60) o "sana enseñanza" (DHH) fueron dadas a Timoteo como una "forma" (RVR 60), como un "modelo" (DHH) o "ejemplo" (13). La palabra griega es *hypotyposis* y puede ser traducida como "bosquejo". El doctor Guthrie dice que significa un esbozo de los contornos que hace un arquitecto antes de entrar en los planes detallados de un edificio. En este caso implicaría que Pablo está indicando que Timoteo debe ampliar, exponer y aplicar la enseñanza del apóstol. El contexto, especialmente al compararlo con el versículo siguiente, parece indicar que esta es una explicación poco probable. El otro lugar donde aparece *hypotyposis* en el Nuevo Testamento es en la primera carta a Timoteo, donde Pablo se describe como el objeto de la maravillosa misericordia y perfecta paciencia de Cristo, como "ejemplo de los que habían de creer en él" (1.16, DHH). Arndt y Gingrich, quienes proponen "modelo" o "ejemplo", sugieren que se utiliza en 1 Timoteo 1.16 en el sentido de prototipo y en 2 Timoteo 1.13 más bien en el sentido de estándar o norma. En este caso, Pablo le está encargando a Timoteo que guarde delante de sí como estándar de enseñanza o como "modelo de la sana enseñanza" lo que había oído del apóstol. Esta interpretación ciertamente está en consonancia con la enseñanza general de la carta.

La enseñanza de Pablo debía ser la guía y norma para Timoteo. No debía apartarse de ella, sino seguirla o, más aun, sostenerla firmemente (*eche*): "Aférrate" (NTV). Además, debía hacerlo "con fe y amor en Cristo Jesús". Aquí observamos que Pablo no sólo está preocupado por lo que Timoteo debe hacer, sino también acerca de cómo debe hacerlo. Al aferrarse a las enseñanzas de Pablo, Timoteo debía ejercitar sus convicciones doctrinales personales, y al instruir a otros debía hacerlo con fe y amor. Debía buscar estas cualidades en Cristo, una fe sincera y un amor tierno.

La fe apostólica no es solamente un "modelo de la sana enseñanza" (DHH, NTV), sino que es también un "ejemplo de la sana doctrina" (*he kale parateke*). Distintas versiones lo traducen con el sentido de "la cosa buena que te ha sido encomendada", "la verdad que te ha sido confiada" o "el tesoro que se ha puesto a tu cargo". El evangelio es un tesoro bueno, noble y precioso, depositado en la iglesia para su custodia. Cristo lo había confiado a Pablo, y él a su vez lo confía a Timoteo.

Timoteo debía "cuidar" o "guardar" (RVR 60) ese tesoro. Pablo le había hecho precisamente el mismo encargo en su primera carta (6.20), excepto que ahora lo describe como la "preciosa" enseñanza o "buena" doctrina, literalmente "hermoso" depósito. El verbo *fylasso* significa: "guardar algo de manera que no se pierda ni se dañe". Se utiliza cuando se habla de un palacio que debe ser protegido de los invasores, o de posesiones guardadas de los ladrones (Lc 11.21; Hch 22.20). En aquel tiempo había herejías decididas a corromper el evangelio y así robar a la iglesia el tesoro que le había sido encomendado. Timoteo debía estar alerta y vigilante.

Las cosas que habían ocurrido en Éfeso, capital de la provincia romana de Asia donde Timoteo estaba, exigían que el evangelio fuera guardado con más tenacidad (15). El tiempo aoristo del verbo "abandonaron" parece indicar que se refería a un evento en particular. La alusión más probable es al segundo arresto del apóstol. Las iglesias de Asia en las que había trabajado intensamente por varios años dependían mucho de Pablo. Quizá su arresto las hizo pensar que la causa del cristianismo había llegado a su fin, y reaccionaron manifestando desconocimiento o repudio hacia él. Nada sabemos acerca de Figelo y Hermógenes, pero su mención parece indicar que eran los cabecillas. De cualquier manera, Pablo veía en la actitud de las iglesias en Asia algo más que una deserción. Veía allí un rechazo a su autoridad apostólica. Debió haber sido particularmente trágico, pues algunos años antes, durante su residencia por dos años y medio en Éfeso, Lucas observó que todos los "que vivían en Asia [...] llegaron a escuchar la palabra del Señor" y muchos creyeron (Hch 19.10). Ahora, "todos los que estaban en Asia" lo habían abandonado. El gran avivamiento había sido seguido por una gran deserción. Según Moule "a los ojos de todos, excepto de quienes tienen visión espiritual, parecía que el evangelio estaba a punto de extinguirse".

La única excepción honrosa parece haber sido un hombre llamado Onesíforo, quien a menudo había albergado a Pablo en su casa (literalmente "refrescado", verso 16), y le había ayudado en otras muchas cosas que no se especifican (18). Había hecho honor al significado de su nombre: "quien trae provecho". Además, no se había avergonzado de las cadenas de Pablo, lo cual sugiere que no lo había abandonado en el momento de ser apresado, sino que lo siguió hasta Roma, y ahí lo buscó solícitamente hasta que lo halló en su celda. Pablo tenía buenas razones para estar agradecido por este fiel y valiente amigo. No sorprende, pues, que en dos oportunidades expresa una oración (16 y 18), primero por su casa ("Que el Señor le conceda misericordia a la familia de Onesíforo") y después por Onesíforo en particular ("Que el Señor le conceda hallar misericordia divina en aquel día").

Varios comentaristas, especialmente católicos romanos, han sostenido, con base en las referencias a la casa de Onesíforo (mencionado nuevamente en 4.19) y a "aquel día", que Onesíforo ya había muerto, y que en consecuencia en el verso 18 tenemos una intercesión por un muerto. En realidad, esto no es más que una conjetura. El hecho de que Pablo distinga entre Onesíforo y su casa podía bien significar que estaba separado de la familia por distancia y no por muerte, estando Onesíforo en Roma, mientras su familia quedaba en Éfeso. H. Moule interpreta que "ora por ellos separadamente, el hombre y su familia, pues estaban separados por tierra y mar [...] no hay razón alguna para suponer que Onesíforo había fallecido. Una separación de su familia a causa de un viaje satisface el lenguaje del pasaje".

De cualquier manera, todos en Asia, como bien lo sabía Timoteo, habían abandonado al apóstol, con la excepción del leal Onesíforo y su familia. Era en tales circunstancias de apostasía casi universal que Timoteo debía cuidar "la preciosa enseñanza", retener firmemente el estándar de palabras sanas, vale decir, preservar el evangelio en una condición pura e incontaminada. Una pesada responsabilidad para cualquier hombre, ¡cuánto más para Timoteo con su temperamento tímido! ¿Cómo podría permanecer firme?

El apóstol le da a Timoteo la seguridad que requiere. No puede pretender guardar el tesoro del evangelio por su propia cuenta; sólo podrá hacerlo con "el poder del Espíritu Santo que vive en nosotros" (14a). La misma verdad se enseña en la segunda parte del versículo 12, que hasta ahora no hemos considerado. La mayoría de los creyentes están familiarizados con la traducción de la revisión *Reina-Valera* de 1960: "... porque yo sé a quién he creído, y estoy seguro que es poderoso para guardar mi depósito para aquel día" (v. 12). Esta interpretación es correcta, corroborada por otros muchos pasajes, y traducida con precisión lingüística. Pero el contexto sugiere que la traducción probablemente sea otra. Las palabras clave son "guardar mi depósito" (*ten parateken mou*). Tanto el verbo "guardar" como el sustantivo "depósito" son idénticos en los versos 12, 14, y en 1 Timoteo 6.20. Sugerimos entonces que "mi depósito" no es lo que yo le he encomendado a Jesucristo (mi alma, mi vida misma, como en 1P 4.19), sino lo que él me ha encomendado a mí (el evangelio). La versión *Dios Habla Hoy* dice: "... él tiene poder para guardar [...] lo que me ha encomendado", y es también la traducción alternativa que ofrece la *Nueva Versión Internacional* en nota al pie: que Dios tiene poder para guardar "lo que me ha confiado" (12).

El sentido, entonces, sería este. Pablo dijo: el depósito es "mío", porque Cristo se lo había encomendado. Por otro lado, Pablo aún está persuadido de que Cristo mismo lo guardará hasta "aquel día" en que tendrá que dar cuenta de su mayordomía. ¿Cuál era la base para su confianza? Sencillamente "sé en quién he creído". Pablo conocía a Cristo, en quién había puesto su confianza, y estaba convencido de su habilidad para mantener seguro el depósito. Me lo ha confiado, es verdad, pero él mismo lo cuidará. Ahora Pablo se lo confía a Timoteo, y él también puede tener la misma seguridad.

Hay aquí una palabra de gran estímulo. En última instancia, Dios mismo es el garante del evangelio. Preservarlo es su responsabilidad.

"El trabajo de predicar el evangelio sería imposible de realizar si no fuera sobre esta base", bien señala C. K. Barrett. Podremos ver que la fe evangélica, la fe del evangelio, es contradicha por todas partes, y el mensaje apostólico del Nuevo Testamento es ridiculizado. Puede ser que tengamos que observar una creciente apostasía en la iglesia, al tiempo que nuestra generación abandona la fe de sus padres. ¡Pero no temamos! Dios nunca permitirá que la luz del evangelio se extinga por completo. Es verdad que nos la ha encomendado a nosotros, criaturas frágiles y falibles. Ha colocado su tesoro en vasijas de barro quebradizas y nosotros debemos jugar nuestra parte en guardar y defender la verdad. No obstante, al confiar el depósito en nuestras manos, no ha retraído las suyas. Él mismo es el guardián final, y preservará la verdad que ha encomendado a la iglesia. Conocemos esto porque sabemos en quién hemos venido a confiar y en quién continuaremos haciéndolo.

Hemos visto que el evangelio consiste en buenas noticias de salvación, prometidas desde la eternidad, aseguradas por Cristo en el tiempo, y ofrecidas a quienes lo reciben con fe. Nuestro primer deber es comunicarlo, utilizando formas tradicionales y buscando nuevos medios de hacerlo conocer por todo el mundo.

Si así lo hacemos, sin duda hemos de sufrir, pues el evangelio auténtico jamás fue popular. Humilla demasiado al pecador. Y cuando nos enfrentamos con la necesidad de sufrir por el evangelio, somos tentados a recortarlo, a eliminar aquellos elementos que producen ofensa y causan oposición, y acallar aquellas notas que irritan los oídos sensibles de la era moderna.

Debemos resistir esta tentación. Por sobre todas las cosas somos llamados a guardar el evangelio, manteniéndolo puro a todo costo y preservándolo contra toda corrupción. Guardarlo fielmente. Proclamarlo activamente. Sufrir por él valientemente. Este es nuestro triple cometido con respecto al evangelio de Dios tal como es expuesto en este capítulo.

II

El encargo de sufrir por el evangelio

1. Transmitiendo la verdad | vv. 1–2

^{2.1–2} Así que tú, hijo mío, fortalécete por la gracia que tenemos en Cristo Jesús. Lo que me has oído decir en presencia de muchos testigos, encomiéndalo a creyentes dignos de confianza, que a su vez estén capacitados para enseñar a otros.

El primer capítulo concluye con la triste alusión de Pablo a la amplia deserción de los creyentes en la provincia romana de Asia (1.15). Solo Onesíforo y su familia fueron la notable excepción. Pablo ahora exhorta a Timoteo a que él también, en medio del desmoronamiento general, se mantenga firme. Es la primera de varias exhortaciones similares de la carta, que comienzan con *su oun* o *su de* ("por tanto, tú" o "pero tú"), que llaman a Timoteo a resistir la tendencia prevaleciente. A pesar de su timidez, Timoteo había sido llamado a una posición de responsabilidad y liderazgo en la iglesia, precisamente en el área geográfica donde la autoridad del apóstol había sido repudiada. Es como si Pablo le dijera: "No importa lo que otras personas digan o piensen. No importa cuán débil y tímido te sientas. Tú, pues, hijo mío, ¡esfuérzate!".

Claro está, si su exhortación finalizara aquí, hubiera resultado vana o aun absurda. Decirle a un hombre tan tímido como Timoteo que se esfuerce sería comparable a ordenarle a un caracol que se apure o a un caballo que vuele. Pero el llamado de Pablo a esforzarse no es un llamado estoico, sino cristiano. No es el pedido de que Timoteo sea fuerte en sí mismo —que apriete las mandíbulas y afirme los dientes—, sino de que sea fortalecido interiormente: "fortalécete por la gracia que tenemos en Cristo Jesús" (2.1). La versión *Dios Habla Hoy* traduce: "recibe fuerzas de la bendición que tenemos por estar unidos a Cristo Jesús". Timoteo encontrará recursos no en su propia naturaleza, sino en la gracia de Cristo. No sólo dependemos de la gracia para nuestra salvación (1.9), sino también para el servicio.

Pablo procede a detallar la clase de ministerio para el cual Timoteo debe fortalecerse en la gracia de Cristo. Hasta ahora ha sido exhortado a mantener la fe y a guardar la preciosa enseñanza (1.13, 14). Pero ahora debe hacer más que preservar la verdad, debe también transmitirla. Si bien la infidelidad de las iglesias de Asia obligaba a Timoteo a guardar la verdad con lealtad, la muerte inminente del apóstol hacía igualmente importante la necesidad de que Timoteo hiciera lo necesario para que la verdad fuera transmitida en forma intacta a la próxima generación. En esta transmisión de la verdad Pablo considera cuatro etapas.

En primer lugar, la fe confiada por Cristo a Pablo; aquello que *Reina-Valera* nombra como "depósito" (1.12). Es suya por depósito y no por inventiva propia. Como apóstol de Jesucristo insiste en que su evangelio no es según hombre, ya sea de su propia composición o de alguna otra persona. Tampoco se apoya en tradición humana. Por el contrario, escribe a los gálatas, "no lo recibí ni lo aprendí de ningún ser humano, sino que me llegó por revelación de Jesucristo" (Gá 1.11, 12).

En segundo lugar, lo que le fue confiado a Pablo, él a su vez lo encomienda a Timoteo. Así, lo que me ha sido confiado a mí (1.12) es ahora la verdad que te ha sido encomendada a ti (1.14). Este depósito consiste en "la preciosa enseñanza" que Timoteo había oído de los propios labios de Pablo. La expresión exacta "que de mí aprendiste" (1.13, *par emou ekousas*) se repite en 2.2, aunque con el agregado de que Timoteo lo había oído "en presencia de muchos testigos". El tiempo aoristo parece insinuar no una sola oportunidad en que Timoteo oyó la enseñanza de Pablo (que podría haber sido en su bautismo o encomendamiento), sino más bien a la totalidad de su instrucción a través de los años. La referencia a los muchos testigos demuestra que la fe apostólica no fue algo transmitido privadamente a Timoteo (tal como los gnósticos afirmaban), sino por medio de instrucción pública, cuya verdad era garantizada por los muchos que la habían oído y que podían verificar la enseñanza de Timoteo, comparándola con la del apóstol.

Esta declaración de Pablo llegó a ser muy importante en el segundo siglo, cuando el gnosticismo había crecido y se había divulgado. Por ejemplo, en el capítulo 25 de sus *Prescripciones contra herejes* (año 200 aprox.) Tertuliano de Cartago estaba escribiendo directamente en contra de los gnósticos, quienes afirmaban haber recibido revelaciones particulares y poseer tradiciones secretas recibidas de los apóstoles. Tertuliano no admitía que los apóstoles hubieran "confiado algunas cosas públicamente a todos, y otras secretamente a unos pocos". Al apelar a Timoteo para que cuide la preciosa enseñanza "no hay referencia velada a una doctrina escondida, sino un mandamiento a no admitir ninguna otra verdad que no hubiera oído de Pablo mismo y "en presencia de muchos testigos", es decir (pienso yo) públicamente".

En tercer lugar, lo que Timoteo ha oído de Pablo debe ahora encargar "a creyentes dignos de confianza", de los cuales evidentemente quedaban algunos entre los muchos desertores de Asia. Las personas que Pablo tenía en mente eran principalmente ministros de la Palabra, cuya primordial función era enseñar; ancianos creyentes cuya responsabilidad sería preservar la tradición —como lo hacían los ancianos de las sinagogas—. Estos ancianos cristianos deben ser como el "administrador de Dios" que Pablo describía en su reciente carta a Tito (1.7). Dado que tanto el cuidado de la grey como de la verdad de Dios han sido confiados a su cuidado y el requisito fundamental de un administrador es la fidelidad (1Co 4.1, 2), deben ser siervos "dignos de confianza".

En cuarto lugar, tales hombres deben tener idoneidad "para enseñar a otros". La habilidad o competencia que Timoteo debía buscar en estos hombres consistía en parte en la integridad o fidelidad de carácter ya mencionadas, y en parte en la habilidad para enseñar. Debían ser *didaktikoi* (maestros idóneos), palabra utilizada por Pablo para referirse a candidatos para el ministerio en 1 Timoteo 3.2, y que volverá a utilizar más adelante en este capítulo (2.24).

Estas, pues, son las cuatro etapas en la transmisión de la verdad que Pablo contempla: de Cristo a Pablo, de Pablo a Timoteo, de Timoteo a "creyentes dignos de confianza", y de estos también "a otros". Ésta es la verdadera "sucesión apostólica". Ciertamente habría siervos involucrados en la transmisión y una línea de "creyentes dignos de confianza", pero la sucesión de los apóstoles debía estar más en el contenido del mensaje que en las personas que lo enseñaran. Es una sucesión de tradición apostólica más que un ministerio, autoridad u orden apostólico; una transmisión de la doctrina de los apóstoles trasladada sin cambios de los apóstoles a las generaciones siguientes, y pasada de mano en mano como la antorcha olímpica. Esta tradición apostólica, este "buen depósito" (RVR 60) se encuentra ahora en el Nuevo Testamento. Hablando idealmente, "Escritura" y "tradición" deberían ser términos intercambiables, pues lo que la iglesia transmite de una generación a otra debería ser la fe bíblica, nada más y nada menos. Y la fe bíblica es precisamente la fe apostólica.

En el resto de este segundo capítulo Pablo amplía las características del ministerio de enseñanza al cual Timoteo había sido llamado. Lo ilustra vivamente utilizando seis metáforas. Las tres primeras son imágenes favoritas de Pablo: el soldado, el atleta y el labrador. Las ha utilizado en varias oportunidades en otras cartas para destacar una amplia variedad de verdades. Aquí todas enfatizan que la labor de Timoteo ha de ser esforzada, involucrando trabajo y sufrimiento.

2. Primera metáfora: el soldado dedicado | vv. 3–4

> **2.3–4 Comparte nuestros sufrimientos, como buen soldado de Cristo Jesús. Ningún soldado que quiera agradar a su superior se enreda en cuestiones civiles.**

Las experiencias de Pablo en la prisión le habían dado sobradas oportunidades de observar a los soldados romanos y meditar en los paralelos que existen entre el soldado y el cristiano. En cartas más tempranas se había referido a la lucha en la que el soldado cristiano está involucrado contra principados y potestades, a la armadura que debe vestir y las armas que debe utilizar (Ef 6.10ss; 1Ti 1.18; 6.12; 2Co 6.7; 10.3–5; Comp. Ro 6.13, 14). Pero aquí habla del "buen soldado de Cristo Jesús", porque se trata de alguien dedicado, que demuestra su disposición y voluntad para concentrarse y aun sufrir.

El soldado en servicio activo no espera un tiempo fácil y seguro. Asume el riesgo, la adversidad y el sufrimiento como asuntos de rutina. Estas cosas son parte de la vida y de su carrera. Como dice Tertuliano en su *Discurso a los mártires*: "Ningún soldado viene a la guerra rodeado de lujos, ni entra en acción en un cómodo dormitorio, sino desde una incómoda tienda, donde ha de encontrarse toda clase de dureza y severidad". De la misma manera, el cristiano no debe alentar esperanzas de una vida fácil. Si es leal al evangelio, seguramente experimentará la oposición y la burla, y compartirá el sufrimiento con sus camaradas de armas.

El soldado debe estar dispuesto a concentrarse, además de sufrir. Cuando está en servicio activo, no "se enreda en cuestiones civiles" (4); por el contrario, se desliga de otros asuntos para dedicarse a la milicia y así satisfacer a sus superiores, y estar totalmente bajo las órdenes de sus comandantes. E. K. Simpson lo expresa diciendo: "El espectáculo de la disciplina militar suministró una gran lección de total dedicación". Así, durante la Segunda Guerra Mundial la gente solía decir con una sonrisa sarcástica: "estamos en guerra", expresión suficiente para justificar cualquier austeridad, sacrificio personal, o abstención de actividades inocentes ante la realidad de la emergencia.

El cristiano, que debe vivir en el mundo y no escaparse de él, no puede esquivar sus responsabilidades en el hogar, en el trabajo y en la comunidad. En efecto, como cristiano debe estar muy consciente de cumplirlas. Tampoco debe olvidar, como Pablo le recordó a Timoteo en su primera carta, que "todo lo que Dios ha creado es bueno, y nada es despreciable si se recibe con acción de gracias", y que Dios "nos provee de todo en abundancia para que lo disfrutemos" (1Ti 4.4; 6.17). De lo que se priva el soldado de Jesucristo no es de toda actividad en este mundo, sino más bien de "enredos", que siendo inocentes en sí mismos, pueden impedirle pelear las batallas de Cristo. Este consejo se aplica particularmente a pastores o ministros cristianos. El pastor está llamado a dedicarse a la enseñanza y al cuidado de la grey de Cristo, y hay otros pasajes en las Escrituras aparte de estos que afirman que, de ser posible, no debería tener la carga adicional de tener que ganarse el sustento en algún empleo de carácter no religioso.

Es cierto que el mismo apóstol a menudo había obtenido su sustento por medio de la manufactura de tiendas, pero aclaró que en su caso la razón era personal y excepcional: "que al predicar el evangelio pueda presentarlo gratuitamente" y de esta manera "no crear obstáculo al evangelio de Cristo" (1Co 9.18, 12). Aun así, afirmaba el principio para sí y para todo ministro por mandato del Señor, que "quienes predican el evangelio vivan de este ministerio" (1Co 9.14). En realidad, consideraba que esta debía ser una regla general. Conviene recordar esta pauta en tiempos en que los ministerios "auxiliares", "suplementarios", o "parciales" van en aumento, donde el pastor continúa con su empleo o profesión, y ejercita su ministerio en el tiempo que le queda libre. De ninguna manera podemos decir que estos ministerios contradicen las Escrituras, pero pueden ser difíciles de reconciliar con el consejo del apóstol a no enredarse con los negocios de esta vida. En la ceremonia de encomendamiento para ministros de la iglesia anglicana, por ejemplo, el obispo exhorta a los candidatos con las siguientes palabras: "Considera que debes ser estudioso en leer y conocer las Escrituras […] y por esta misma causa debes renunciar y dejar de lado (en lo posible) toda preocupación y estudio mundano […] entrégate enteramente a tu ministerio […] aplícate por completo al mismo, y dirige todos tus estudios y afanes en esa dirección".

No obstante, la aplicación de este versículo abarca no solo a pastores. Todo cristiano es en cierta medida un soldado de Cristo, aun cuando sea tan tímido como Timoteo; cualquiera fuere nuestro temperamento, no podemos evitar conflictos a causa de nuestra fe. Si hemos de ser buenos soldados de Jesucristo, debemos estar dedicados a la batalla, aceptar una vida de disciplina y sufrimiento, y evitar todo lo que pueda "enredarnos" y distraernos de la ella.

3. Segunda metáfora: el atleta que lucha legítimamente | v. 5

> [2.5] **Así mismo, el atleta no recibe la corona de vencedor si no compite según el reglamento.**

Pablo pasa ahora de la imagen del soldado romano a la de un competidor en los juegos griegos. En ningún torneo de atletismo del mundo antiguo (ni tampoco del moderno) ocurría que el atleta ofreciera un despliegue desordenado de fuerza y habilidad. Cada deporte tenía sus reglas para el torneo en sí, y en algunos casos aun para el entrenamiento previo. Todo evento también tenía su premio, y los premios otorgados por los griegos eran coronas de laureles —no medallas de oro o trofeos de plata—. Pero, por brillante que fuera, ningún atleta era "coronado" a no ser que hubiera competido conforme a las reglas.

En el Nuevo Testamento la vida cristiana se compara repetidamente a una carrera, no en el sentido de que competimos los unos contra los otros, sino en otros sentidos, tales como la severa autodisciplina en el entrenamiento (1Co 9.24–27), el dejar de lado todo impedimento (Heb 12.1, 2) y, en este caso, el guardar las reglas.

Hemos de correr la carrera cristiana *nomimos*, es decir, legalmente. A pesar de las extrañas enseñanzas de la "nueva moralidad", que insiste en que la categoría de la ley ha sido abolida por Cristo, el creyente está bajo la obligación de vivir "legalmente", guardar las reglas, y obedecer las leyes morales de Dios. Es verdad que no está "bajo la ley" como medio de salvación, pero sí lo está como regla de conducta. Lejos de abolir su ley, Dios envió primeramente a su Hijo a morir por nosotros "a fin de que las justas demandas de la ley se cumplieran en nosotros", y ahora envía a su Espíritu para vivir en nosotros y escribir su ley en nuestros corazones (Ro 8.3, 4; Jer 31.33). De lo contrario, no hay corona, pero no porque el cumplimiento de la ley nos pudiera justificar, sino más bien porque sin ella faltaría la evidencia de que hemos sido justificados.

El contexto de nuestro versículo exige que el competir "según el reglamento" tenga una aplicación más amplia que la mera conducta moral. Pablo está describiendo no solo la vida cristiana, sino también el servicio cristiano. Parece estar diciendo que la recompensa por el servicio depende de la fidelidad. El maestro cristiano debe enseñar la verdad, construyendo con materiales sólidos sobre el fundamento de Cristo, si es que su trabajo ha de perdurar y no ser quemado (ver 1Co 3.10–15).

Así, Timoteo debía transmitir fielmente la preciosa enseñanza a creyentes dignos de confianza. Solo si perseveraba hasta el fin peleando la buena batalla, acabando la carrera y guardando la fe, podía esperar en "aquel día" final la más codiciada de todas las palmas: "la corona de justicia" (2Ti 4.7, 8).

4. Tercera metáfora: el labrador esforzado | v. 6

> [2.6] **El labrador que trabaja duro tiene derecho a recibir primero parte de la cosecha.**

Si el atleta debe actuar legítimamente, el labrador debe trabajar intensamente. El trabajo esforzado es indispensable para una buena labranza y especialmente en países en desarrollo, donde la mecanización está escasamente instalada. En tales circunstancias el éxito depende tanto del sudor como de la habilidad y el conocimiento. Aunque la tierra sea mala, el tiempo inclemente, y el ánimo escaso, el labrador debe perseverar en su trabajo. Habiendo puesto sus manos sobre el arado, no debe mirar hacia atrás. H. Moule escribe acerca del trabajo "esforzado y prosaico" del labrador. Contrariamente al caso del soldado y del atleta, la vida del labrador "está totalmente exenta de entusiasmo y lejos de toda emoción, ya sea de peligros o de aplausos".

No obstante, las primicias de la cosecha son para el labrador esforzado. Él las merece. Su buen rendimiento se debe tanto a su trabajo y perseverancia, como a cualquier otra razón. Es por eso que un perezoso nunca puede ser un buen labrador, tal como se insiste en el libro de Proverbios. Siempre pierde su cosecha porque está dormido cuando debería estar cosechando, o porque fue demasiado haragán para arar la tierra en el otoño, o porque permitió que sus campos fueran invadidos por malezas y espinas (ver Pr 10.5; 20.4; 24.30, 31).

¿A qué clase de cosecha se refiere el apóstol? Podrían hacerse muchas aplicaciones, pero hay dos que son obviamente bíblicas. En primer lugar, una de las cosechas es la santidad. Verdaderamente es el "fruto del Espíritu", dado que el Espíritu Santo es el labrador principal, y quien produce una buena cosecha de cualidades cristianas en la vida del creyente. Pero nosotros tenemos nuestra parte que cumplir si anhelamos una cosecha de santidad. Debemos "vivir por el Espíritu" y "sembrar para el Espíritu" (Gá 5.16; 6.8), obedeciendo a sus indicaciones y disciplinándonos. Muchos creyentes se sorprenden porque no crecen en santidad. ¿No será que estamos descuidando cultivar el terreno de nuestro carácter? "Cada uno cosecha lo que siembra", dice Pablo en Gálatas 6.7. El obispo H. C. Ryle enfatiza vez tras vez en su libro titulado *Santidad* que "no hay crecimiento sin sufrimiento". Por ejemplo:

> Nunca dejaré de enfatizar mi convicción de que no hay crecimiento espiritual sin sufrimiento. Sería igual que esperar que un labrador prosperara, si solo se contenta con sembrar su campo y no volver a verlo hasta el día de la cosecha, o pretender que un creyente alcanzara un alto grado de santidad si no es diligente en la lectura de la Biblia, la oración, y el uso del día domingo. Nuestro Dios es un Dios que obra a través de medios, y nunca bendecirá el alma de aquel hombre que considera que su nivel espiritual es tal que ya puede prescindir de ellos.

Como lo expresa Pablo: "el que trabaja en el campo tiene derecho a ser el primero en recibir su parte de la cosecha" (v. 6, DHH), y la santidad es una verdadera cosecha. "La cosecha es abundante", dijo Jesús refiriéndose a los muchos que aguardan oír y anhelan recibir el evangelio (Mt 9.37; ver Jn 4.35; Ro 1.13). Ahora bien, en esta cosecha "Dios… es el que hace crecer" (1Co 3.7), pero esto no nos da licencia para estar ociosos. Además, tanto la siembra de la buena semilla de la Palabra de Dios como levantar la cosecha son trabajos arduos, especialmente cuando los obreros son pocos. Las personas no son ganadas para Cristo por la aplicación de fórmulas automáticas, sino por medio de sudor y lágrimas, especialmente en la oración y a través de fomentar amistades, aunque requiera sacrificio personal.

Es el "labrador que trabaja" el que puede esperar resultados. Este pensamiento acerca de que el servicio cristiano consiste en trabajo esforzado goza de tan poca popularidad en algunos círculos que siento la necesidad de recalcarlo. Ya he señalado que el verbo significa "trabajar". Arndt y Gingrich dicen que primariamente significa "fatigarse, llegar a cansarse" y, por lo tanto, "trabajar esforzadamente, con desvelo, con empeño, con lucha". Tanto el sustantivo (*kopos*) como el verbo (*kopiao*) eran palabras favoritas de Pablo, y será saludable que notemos qué grado de esfuerzo consideraba necesario en el servicio cristiano.

Casi está de más decir que la palabra se utiliza con referencia al trabajo manual, y Pablo la aplicó a su manufactura de tiendas: "con estas manos nos matamos trabajando" (1Co 4.12; ver Ef 4.28; 1Ts 4.11). Pero en su opinión el trabajo espiritual también involucraba esfuerzo. Estaba pronto a reconocer la dedicación de otros, y al final de su carta a los Romanos dirige saludos especiales a "María, que tanto ha trabajado por ustedes" y a "la amada Pérsida, que ha trabajado muchísimo en el Señor" (Ro 16.6; 12b). Pablo no esperaba más de los otros cristianos de lo que él mismo estaba dispuesto a hacer. Sus esfuerzos en el evangelio fueron fenomenales. Él escribió de "trabajos pesados, desvelos y hambre", porque al igual que su Maestro a menudo estaba demasiado ocupado para dormir o comer; y con respecto a los demás apóstoles argumentaba: "He trabajado con más tesón que todos ellos" (2Co 6.5; 1Co 15.10; ver Gá 4.11; Fil 2.16). Si le pidiéramos que nos dijera en qué consistían sus trabajos, creo que contestaría en términos apostólicos refiriéndose a las dos prioridades de la "oración y [el] ministerio de la palabra" (Hch 6.4). En su primera carta a Timoteo alude a aquellos ancianos "que dedican sus esfuerzos a la predicación y a la enseñanza" (1Ti 5.17), y dice a los colosenses que "con este fin trabajo y lucho fortalecido por el poder de Cristo que obra en mí" (Col 1.29–2.1; ver 1Ti 4.10), en un contexto que parece referirse a la batalla de oración que estaba librando a favor de ellos.

La bendición de Dios reposó sobre las labores del apóstol Pablo de una manera muy singular. Sin duda se podrían ofrecer muchas explicaciones al respecto, pero me pregunto si reconocemos suficientemente el celo y el esfuerzo, la devoción casi obsesiva con que el apóstol se dedicó al trabajo. Se entregó y no le importó el precio; luchó y no prestó atención a las heridas; se esforzó y no buscó descanso; trabajó y no pidió recompensa alguna, excepto el gozo de hacer la voluntad de su Señor… y Dios prosperó sus esfuerzos. Es el labrador esforzado, por así decir, el que obtiene una buena cosecha.

Hasta aquí hemos considerado las tres primeras metáforas con las cuales Pablo ilustra los deberes del obrero cristiano. Por medio de ellas ha identificado tres aspectos de la dedicación que deberían hallarse en Timoteo, y en todos aquellos que como él buscan pasar a otros "la preciosa enseñanza" recibida: la dedicación de un buen soldado, la obediencia del atleta que lucha legítimamente, y el fatigoso trabajo de un buen labrador. Sin estos componentes no podemos esperar buenos resultados. No habrá victoria para el soldado que no lucha, ni corona para el atleta que no se atiene a las reglas del juego, ni cosecha para el labrador que no trabaja esforzadamente.

5. El camino a la comprensión | v. 7

2.7 Reflexiona en lo que te digo, y el Señor te dará una mayor comprensión de todo esto.

Con este versículo concluye el primer párrafo del capítulo, y en él tenemos un importante aspecto de equilibrio bíblico. Si Timoteo se propone conocer y entender la verdad, y en particular el significado de las metáforas que Pablo acaba de utilizar, serán necesarios dos procesos: el humano y el divino. A Timoteo le corresponde reflexionar, "pensar" (DHH) o considerar la enseñanza del apóstol, escuchándola cuidadosamente y aplicando su inteligencia para analizarla.

Entonces, habiendo cumplido su parte, el Señor le dará comprensión de todo. Lo que Pablo expresa aquí es una promesa del Señor, más que un deseo propio de que el Señor le dé entendimiento a Timoteo.

Hay dos factores importantes en esta combinación de estudio humano e iluminación divina para cualquiera que desee heredar la promesa del don de comprensión por parte del Señor.

En primer lugar, si hemos de recibir entendimiento, debemos considerar lo que el apóstol está diciendo. Este es un buen ejemplo de la autoridad apostólica de la que Pablo estaba consciente. Él ordena a Timoteo que escudriñe sus enseñanzas y le promete que el Señor le otorgará "comprensión de todo" si así lo hace. No le parece indebida la afirmación de que su enseñanza como apóstol merece cuidadoso estudio, o que este es el medio para que Timoteo crezca en conocimiento, o que solo el Señor pueda interpretarla. Es una evidencia clara de que Pablo tenía la convicción de que sus enseñanzas no eran propias sino del Señor. Más aún, en los versículos siguientes y en forma casi imperceptible, él iguala su "evangelio" (8) con "la palabra de Dios" (9).

En segundo lugar, si hemos de obtener entendimiento de parte del Señor, debemos considerar lo que el apóstol está diciendo. Algunos creyentes jamás llegan a hacer un estudio serio de la Biblia. La razón puede ser meramente carnal, es decir, son demasiado haraganes; o espiritual (aunque realmente debería denominarse "seudoespiritual"), que consiste en creer que la comprensión les vendrá del Espíritu Santo y no de sus propios estudios (lo cual es una tesis totalmente falsa). Así, lo único que hacen es pasear superficialmente sobre algunos versículos de una manera ambigua, confiando (y hasta orando) que el Espíritu Santo les muestre de qué se trata. Pero no toman en serio las palabras del apóstol: "reflexiona en lo que te digo".

Otros son muy diligentes en el estudio de la Biblia. Son labradores esforzados, ejercitan su mente y luchan con el texto de la Escritura, consultando concordancias y devorando comentarios, pero olvidan que solo el Señor imparte el entendimiento y lo hace como quien concede un don.

No debemos separar lo que Dios ha unido. Para la comprensión de las Escrituras es imprescindible un equilibrio combinado de pensamiento y oración. Nosotros debemos reflexionar, y el Señor nos dará la comprensión.

6. El sufrimiento como condición para la bendición | vv. 8–13

2.8-13 No dejes de recordar a Jesucristo, descendiente de David, levantado de entre los muertos. Éste es mi evangelio, por el que sufro al extremo de llevar cadenas como un criminal. Pero la palabra de Dios no está encadenada. Así que todo lo soporto por el bien de los elegidos, para que también ellos alcancen la gloriosa y eterna salvación que tenemos en Cristo Jesús. Este mensaje es digno de crédito: Si morimos con él, también viviremos con él; si resistimos, también reinaremos con él. Si lo negamos, también él nos negará; si somos infieles, él sigue siendo fiel, ya que no puede negarse a sí mismo.

Llegamos ahora a un nuevo párrafo, antes de que el apóstol introduzca otras tres metáforas para ilustrar el rol del obrero cristiano. Hasta aquí podríamos resumir lo dicho con un enunciado: "Nada de verdadero valor es fácil de obtener". Ningún soldado, atleta, o labrador espera resultados sin trabajo o sufrimiento. Ahora Pablo continúa con el mismo tema, pero habiéndolo ilustrado por medio de metáforas prosigue su exposición utilizando la experiencia: primero la de Cristo (8), luego la suya como apóstol (9–10) y finalmente la de todos los creyentes en Cristo (11–13).

a. La experiencia de Cristo | v. 8

A primera vista, el mandato de acordarse de Jesucristo parece innecesario. ¿Podría acaso Timoteo olvidarlo? Sin embargo, la memoria humana es sumamente inconstante; ¡uno podría incluso olvidarse de su propio nombre! La inscripción sobre la lápida de Israel fue que "muy pronto olvidaron" (Sal 106.13), y fue precisamente para evitar nuestro olvido del Cristo crucificado que deliberadamente el Señor instituyó su Cena como fiesta de recordación, un fragante "nomeolvides". Asimismo, la iglesia muchas veces ha olvidado a Jesucristo, concentrándose en áridos debates teológicos, ya sea sobre asuntos puramente humanos o pequeñas disputas parroquiales. ¿Cómo y por qué debemos recordar a Jesucristo? En esencia, porque él es el evangelio, el corazón de la "preciosa enseñanza" (1.14). Pablo lo expresa diciendo que Jesucristo es el corazón de "mi evangelio", el evangelio "que a mí me ha sido encomendado" (1Ti 1.11). Si Timoteo ha de guardar el precioso depósito de enseñanza que le ha sido confiado, y transmitirlo a otros creyentes fieles, es imprescindible "recordar a Jesucristo".

En particular, Cristo deberá ser recordado como el "levantado de entre los muertos" y "descendiente de David". Al meditar en estas dos expresiones es notable la amplitud del contenido evangélico que nos sugieren. Están implícitos el nacimiento, la muerte, la resurrección y la ascensión de Cristo, y nos recuerdan de su persona a la vez divina y humana, y de su obra salvadora.

En primer lugar, su persona. Las palabras "descendiente de David" o "descendiente del rey David" (DHH) señalan su humanidad, pues hablan de su ascendencia terrenal. Las palabras "levantado de entre los muertos" nos hablan de su divinidad, pues fue "designado con poder Hijo de Dios por la resurrección" (Ro 1.4). Nótese que también en Romanos 1.3 se nos dice de Jesús que "según la naturaleza humana era descendiente de David".

En segundo lugar, su obra. La frase "levantado de entre los muertos" indica que murió por nuestros pecados y resucitó para demostrar la eficacia de su sacrificio expiatorio. Este "descendiente de

David" ha establecido su reino como el gran Rey, el Hijo del Altísimo (ver también Lc 1.32–33). Tomadas en conjunto ambas frases aluden a su doble rol de Salvador y Soberano.

Hay además otra razón por la cual Timoteo debía acordarse de Jesucristo, resucitado de entre los muertos, del linaje de David. Estos factores constituyen el evangelio que Timoteo debía predicar, pero también ilustran acerca de la propia experiencia de Jesucristo: nos muestran el principio de que la muerte es la puerta a la vida y el sufrimiento el sendero hacia la gloria. El que murió se levantó de entre los muertos, y hoy vive; y el que nació en humildad como descendiente de David, reina ahora en gloria sobre el trono de David. Ambas expresiones presentan en forma de embrión el contraste entre la humillación y la exaltación.

Por lo tanto, nos parece oír al apóstol: "Timoteo, cuando te sientas tentado a evitar el dolor, la humillación, el sufrimiento, o la muerte en tu ministerio, ¡acuérdate de Jesucristo y reflexiona!"

b. La experiencia del apóstol Pablo | vv. 9 y 10

Pablo está sufriendo por causa del evangelio. A pesar de ser un ciudadano romano y un hombre inocente debe soportar la dolorosa infamia de llevar cadenas "como un criminal". Otra cita donde se utiliza esta palabra en el Nuevo Testamento es cuando se habla de los criminales crucificados con Cristo (Lc 23.32–33). Pero, pese a que el apóstol está encadenado, la Palabra de Dios no lo está. Él mismo, en su primer arresto, había tenido la oportunidad y las fuerzas para proclamar la Palabra de Dios a la corte, tal como lo explicará en detalle más adelante (4.16–17). Además, ese mensaje se estaba difundiendo por medio de muchos otros, y particularmente Timoteo debía participar cada vez más en este trabajo.

La relación entre los sufrimientos de Pablo y la efectividad del evangelio no es solo de contraste: "sufro al extremo de llevar cadenas […] la palabra de Dios no está encadenada" (9), sino también una relación de causa y efecto. "Así que todo lo soporto por el bien de los elegidos, para que también ellos alcancen la gloriosa y eterna salvación" (10). Notemos de paso que la doctrina de la elección no exime de la necesidad de predicar, sino por el contrario, la hace esencial. Pablo predica, y sufre en consecuencia, a fin de que otros puedan obtener "la gloriosa y eterna salvación que tenemos en Cristo Jesús".

Los elegidos obtienen salvación por medio de la predicación de Cristo. Además, el medio para la salvación de los escogidos no es solamente la predicación, sino también el sufrimiento que conlleva. La afirmación de Pablo que de alguna manera la salvación de otros se logra por sus sufrimientos puede en primera instancia asombrarnos, pero es así. No que sus sufrimientos tengan eficacia redentora como los de Cristo, sino que los escogidos son salvados por el evangelio, y que él no podía predicar el evangelio sin sufrir. Es otro caso de gloria a través del sufrimiento: la realidad "gloriosa y eterna" de los escogidos por medio de los sufrimientos soportados por el apóstol.

c. Nuestra común experiencia cristiana | vv. 11–13

Pablo cita ahora un dicho corriente o un fragmento de un himno cristiano, cuyo contenido declara ser verdadero. Consiste en dos pares de epigramas que son axiomas generales de la vida y la experiencia cristianas. Se aplican igualmente a todos los creyentes. El primer par se refiere a aquellos que permanecen fieles y perseveran, el segundo a los que reniegan y se tornan infieles.

[11b-12a] **Si morimos con él,**
   también viviremos con él;
 si resistimos,
   también reinaremos con él.

La muerte con Cristo que aquí se menciona debe referirse, de acuerdo con el contexto, no a nuestra muerte al pecado en virtud de nuestra unión con Cristo en su muerte, sino más bien a nuestra muerte al yo y a la seguridad, en la medida en que tomamos su cruz y le seguimos. El sentido señalado en primer lugar es desarrollado por Pablo en Romanos 6.3: ("¿Acaso no saben ustedes que todos los que fuimos bautizados para unirnos con Cristo Jesús, en realidad fuimos bautizados para participar en su muerte?"); el otro sentido al que ahora nos referimos es expresado por Pablo en 1 Corintios 15.31 ("cada día muero") y en 2 Corintios 4.10 ("siempre llevamos en nuestro cuerpo la muerte de Jesús"). Las expresiones paralelas "Si morimos con él" y "si resistimos" parecen confirmar que este es el sentido de los fragmentos del himno citado. Así, la vida cristiana es presentada como una vida de morir y de sufrir. Solo si participamos en la muerte de Cristo aquí en esta tierra, podremos compartir su vida en el cielo. Para poder participar de su reino en el más allá debemos participar aquí de sus sufrimientos, soportándolos pacientemente. El camino a la vida es la muerte y el camino a la gloria pasa por el sufrimiento (ver Ro 8.17; 2Co 4.17).

> ^{12b-13} **Si lo negamos,
> también él nos negará;
> si somos infieles,
> él sigue siendo fiel,
> ya que no puede negarse a sí mismo.**

Este otro par de epigramas contempla la terrible posibilidad de negar a Cristo y resultar infieles. La primera frase "Si lo negamos, también él nos negará", parece un eco de la advertencia hecha por el Señor: "cualquiera que me desconozca delante de los demás, yo también lo desconoceré delante de mi Padre que está en el cielo" (Mt 10.33).

¿Qué significa entonces la segunda frase: "si somos infieles, él sigue siendo fiel"? A menudo ha sido interpretada como dando la seguridad de que, aunque nos apartemos de Cristo, él no nos dejará, pues nunca será infiel como nosotros. Por supuesto, es verdad que Dios nunca exhibe cualidades de inconstancia o infidelidad como los seres humanos, pero la lógica de este himno cristiano, con sus dos pares de epigramas equilibrados, demandan otra interpretación. "Si lo negamos" y "si somos infieles" son paralelos, lo que requiere que "él nos negará" y "él sigue siendo fiel" también lo sean. En este caso, su fidelidad cuando nosotros somos infieles se manifestará en fidelidad a sus advertencias. W. Hendriksen lo expresa de la siguiente manera: "Fidelidad de su parte significa llevar a cabo sus advertencias […] al igual que sus promesas". El resultado será que él nos negará, como lo afirma el epigrama anterior, dado que si no nos negara (en fidelidad a sus claras advertencias) se estaría negando a sí mismo. Una cosa es cierta respecto de Dios, y sobre esta no queda ninguna sombra de duda, y es que "no puede negarse a sí mismo".

La idea de que pueda haber algo que Dios "no puede hacer" parece extraño para algunos. ¿Acaso no puede hacer cualquier cosa, y todas las cosas? ¿No son todas las cosas posibles para él? ¿No es acaso omnipotente? Sin duda alguna, pero la omnipotencia de Dios debe ser bien entendida. Dios no es un tirano totalitario como para ejercer su poder en forma arbitraria y hacer absolutamente cualquier cosa. La omnipotencia de Dios es la libertad y el poder de hacer todo lo que elige hacer, pero solo elige hacer el bien, y solo obra de acuerdo con la perfección de su carácter y voluntad. Dios puede hacer todo lo que sea consecuente con lo que él mismo es. Lo único que no puede hacer, porque no lo quiere, es negarse a sí mismo o actuar en forma contraria a su personalidad. Dios sigue siendo para siempre lo que es, el mismo Dios de misericordia y justicia, que cumple sus promesas (ya sean de bendición o de juicio), que nos da vida si morimos con Cristo y un reino si perseveramos, pero nos niega si lo negamos, tal como lo advirtió, dado que no puede negarse a sí mismo.

Volviendo sobre la primera mitad de este capítulo (vv. 1–13), el apóstol Pablo parece haber estado recalcando una sola lección. De la analogía terrenal (soldados, atletas, labradores) y de la experiencia espiritual (la de Cristo, la suya propia, y la de todo creyente) ha estado insistiendo en que la bendición viene a través del dolor, el fruto llega por medio del trabajo, la vida por la muerte y la gloria por el sufrimiento. Es una ley invariable de la vida y el servicio cristianos.

¿Por qué entonces esperar que la vida nos sea fácil o prometer a otros una vida fácil? Ni la sabiduría humana ni la revelación divina nos animan a albergar tales esperanzas. ¿Por qué entonces nos engañamos a nosotros mismos y a otros? La verdad es esta: No hay crecimiento sin sufrimiento y no hay corona sin cruz.

Es el principio que llevó a Cristo de un humilde nacimiento y una muerte vergonzosa a su gloriosa resurrección y reino celestial; es el que condujo a Pablo a las cadenas y prisiones, a fin de que los escogidos obtuvieran salvación y gloria; es el que, en la experiencia terrenal, dispone al soldado para sufrir penalidades, al atleta para la disciplina, y al labrador para el trabajo rudo. Sería ridículo entonces esperar que no haya precio que pagar en nuestra vida y servicio cristianos.

En la segunda parte de 2 Timoteo 2 (vv. 14–26) Pablo continúa con el cuadro vivo de Timoteo en su rol de enseñar y transmitir la fe, y por derivación podemos pensar en el de cualquier ministro, maestro u obrero cristiano. Ahora utiliza otras tres metáforas: el "obrero que no tiene de qué avergonzarse" (15), el "vaso noble" (21) y el "siervo del Señor" (24). Cada una de estas agrega una nueva característica al cuadro.

7. Cuarta metáfora: el obrero que no tiene de qué avergonzarse | vv. 14–19

[2.14–19] No dejes de recordarles esto. Adviérteles delante de Dios que eviten las discusiones inútiles, pues no sirven nada más que para destruir a los oyentes. Esfuérzate por presentarte a Dios aprobado, como obrero que no tiene de qué avergonzarse y que interpreta rectamente la palabra de verdad. Evita las palabrerías profanas, porque los que se dan a ellas se alejan cada vez más de la vida piadosa, y sus enseñanzas se extienden como gangrena. Entre ellos están Himeneo y Fileto, que se han desviado de la verdad. Andan diciendo que la resurrección ya tuvo lugar, y así trastornan la fe de algunos. A pesar de todo, el fundamento de Dios es sólido y se mantiene firme, pues está sellado con esta inscripción: "El Señor conoce a los suyos", y esta otra: "Que se aparte de la maldad todo el que invoca el nombre del Señor".

Por un momento dejaremos a un lado el versículo 14 y analizaremos el 15. De esta invitación a que procuremos ser un obrero que no tiene de qué avergonzarse surgen de inmediato varios datos.

Primeramente, que el trabajo que efectúa el obrero cristiano es un trabajo de enseñanza. Está llamado a usar "rectamente la palabra de verdad".

En segundo lugar, hay dos clases de obreros. Por una parte, los que son "aprobados" o "probados y hallados verdaderos" (el sentido del griego es "ser probado y como conclusión aprobado"); son aquellos que, habiendo sido probados como se ensayan los metales, han pasado la prueba favorablemente y son reconocidos como genuinos. Por la otra, están los que no son aprobados porque fracasaron en el ensayo. Quien resulta aprobado "no tiene de qué avergonzarse", mientras que los desaprobados tienen motivo de profunda vergüenza.

En tercer lugar, la diferencia entre estas dos categorías tiene relación con el trato o uso de "la palabra de verdad", el buen depósito que se nos ha encomendado.

Así Pablo coloca a estas dos clases de maestros en contraste y ofrece un ejemplo de cada uno. Timoteo (v. 15) deberá ser un buen obrero, aprobado y no avergonzado. Por el contrario, Himeneo y Fileto (v. 17) son ejemplo de malos obreros que no recibirán la aprobación de Dios (no importa qué grado de aprobación hayan recibido de sus congéneres) y tienen sobrados motivos para estar avergonzados.

Además, el trabajo de estos buenos y malos obreros se describe con verbos de intenso contenido. El buen obrero "interpreta rectamente" (v. 15) la palabra de verdad; el mal obrero se ha "desviado de la verdad" (v. 18). Debemos ahora estudiar cada categoría por separado y en forma más exhaustiva.

a. El buen obrero

En el verso 15 el verbo *ortotomeo*, que se traduce como "interpreta rectamente" o "usa bien" (RVR 60), significa literalmente "cortar derecho". Es una palabra muy poco usual y ocurre sólo tres veces en el griego bíblico: una vez en el Nuevo Testamento (en esta cita) y dos veces en el libro de los Proverbios (3.6: "él allanará tus sendas" y 11.5: "la justicia enderezará el camino de los íntegros").

Preguntamos entonces: ¿Cómo está siendo ilustrada "la palabra de verdad" que Timoteo debe "cortar derecho"? Pablo no la ilustra como una víctima del sacrificio, cortada en forma recta como algunos comentaristas antiguos pensaban, ni como un pan, como si el apóstol "asignara a los maestros el deber de cortar o trozar la palabra, así como un padre divide el pan en trozos para alimentar a sus hijos"; tampoco se trata de una cinta que debe cortarse en tiras, o un terreno en lotes, como algunos dispensacionalistas enseñan, ni es comparada con una piedra que debe ser cortada para ubicarla luego en la construcción del edificio (C. K. Barret). Más bien, "la palabra de verdad" se compara con un sendero o camino, una carretera o autopista que debe atravesar en línea recta a través del campo. Ésa es la figura.

Arndt y Gingrich definen este verbo *ortotomeo* como "trazar un sendero en dirección recta o cortar un camino a través del campo (que puede estar forestado o con otros obstáculos) en una dirección recta, de manera que el viajero pueda llegar a su destino en forma directa". Es también posible que la metáfora haya sido tomada del arado y no de la construcción de caminos; la interpretación de Crisóstomo sigue esta línea y traduce "arando un surco recto en tu proclamación de la verdad".

En conclusión, "la palabra de verdad" es la fe apostólica que Timoteo ha recibido de Pablo y debe comunicar a otros. Para nosotros, es sencillamente la Escritura. "Interpretarla rectamente" o "hacerla un camino recto" significa para nosotros exponerla con corrección o exactitud, por una parte, y con sencillez, por la otra. Al parecer Sófocles utilizó este término en el sentido de "exponer sanamente". De manera que el buen obrero es fiel a las Escrituras y no debe falsificarlas, ni debe tratar de confundir a las personas como hacía Elimas el mago, quien trastornaba los caminos rectos del Señor y los torcía (Hch 13.10). Por el contrario, el buen obrero ha de usar la Palabra con un cuidado tan estricto que se mantendrá en el sendero, evitando desvíos, y facilitando al mismo tiempo que otros lo sigan de la misma manera.

b. El mal obrero

La metáfora que utiliza Pablo para describir al mal obrero no está tomada ni de la ingeniería de caminos ni de la agricultura, sino de la ballestería (la práctica de lanzar flechas). La verdad aquí no se compara a un camino en construcción o a un surco que está siendo arado, sino a un blanco hacia el cual se lanzan las flechas. El verbo *astocheo* (v. 18) proviene de *stochos*, un "blanco"; significa "errar el blanco" y, por lo tanto, "desviarse" de algo. Ocurre tres veces en las epístolas pastorales:

> 1Ti 1.6 **"Algunos, habiendo errado el blanco… [de amor, buena conciencia y fe no fingida] se apartaron a vanas pláticas"** (VHA).

> 1Ti 6.21 **"La cual profesando algunos [la falsamente llamada ciencia] erraron el blanco respeto de la fe […]"** (VHA).

> 2Ti 2.18 **"Que han errado el blanco respecto de la verdad"** (VHA).

Estamos ahora en condiciones de apreciar la alternativa que Pablo pone frente a cada maestro cristiano al que le ha sido confiada la Palabra, y en función de la cual determina si será un buen o mal obrero. La "palabra de verdad" es un blanco. Al lanzar sus flechas al blanco puede acertar o errar. La "palabra de verdad" es también un camino. Al trazar el camino a través del bosque puede hacerlo en forma recta o torcida.

Como resultado de lo que el obrero hace, es decir, de cómo expone y enseña, es inevitable que otros sean afectados, ya sea para bien o para mal. Si traza el camino en forma recta, otros podrán seguirlo y mantenerse en el camino. Si yerra al blanco, la mirada de los espectadores será distraída del blanco y sus ojos seguirán a la flecha desviada.

Pablo advierte a Timoteo de este grave peligro. Había en Asia personas que estaban enseñando errores serios. En lugar de predicar el evangelio de Pablo que incluía a "Jesucristo [...] levantado de entre los muertos" (v. 8), anticipo y modelo de la resurrección de todos los creyentes, estaban enseñando que "la resurrección ya tuvo lugar" (v. 18). Es cierto que en un sentido se ha efectuado, ya que Cristo ha resucitado y nosotros hemos resucitado juntamente con él. Pero la resurrección del cuerpo es todavía un evento futuro. Los falsos maestros estaban negando toda posibilidad de resurrección futura (ver Hch 17.32; 1Co 15.12). Posiblemente, se trataba de los primeros gnósticos, para quienes el cuerpo era algo malo en sí mismo y el concepto de cualquier resurrección del cuerpo era inconcebible e indeseable. Por tanto, "espiritualizaban" el hecho como una liberación del cuerpo por medio de *gnosis* (conocimiento), o afirmaban que la promesa de la resurrección se había cumplido en su totalidad cuando por fe y en el bautismo fuimos resucitados con Cristo. De manera similar, hay quienes hoy "desmitifican" la resurrección y hablan solo de la fe que resucita en el corazón del cristiano.

Estos herejes estaban sustituyendo "la palabra de verdad" por lo que Pablo llama "discusiones inútiles" (v. 14). El verbo que emplea aquí (*logomacheo*) no ocurre en otro lugar del Nuevo Testamento, aunque el sustantivo *logomachia* (contienda de palabras) se encuentra en 1 Timoteo 6.4 y en Tito 3.9 en algunos manuscritos. ¡Parece una referencia a las contiendas verbales sobre puntos insignificantes de los escolásticos de la Edad Media! En otro párrafo utiliza la expresión "palabrerías profanas" (16, *kenofonia*, literalmente, "palabras huecas").

La instrucción de Pablo respecto de estos malos obreros es sencillamente que Timoteo los evite: "Adviérteles delante de Dios que eviten las discusiones inútiles, pues no sirven nada más que para destruir a los oyentes" (v. 14). "Evita las palabrerías profanas, porque los que se dan a ellas se alejan cada vez más de la vida piadosa, y sus enseñanzas se extienden como gangrena" (16, 17a).

El daño causado por estos falsos maestros es doble; es tanto impío como "gangrenoso". En primer lugar, es impío porque aleja a las almas de Dios. El versículo 16 sostiene que aquellos que sostienen tales doctrinas "se alejan cada vez más de la vida piadosa". Según P. Fairbairn, viene a ser "un movimiento progresivo en la dirección equivocada", todo lo contrario de un avance. En segundo lugar, disemina su infección en la comunidad. Para enfatizar este aspecto, Pablo lo reitera tres veces de la siguiente manera: "pues no sirven nada más que para destruir a los oyentes" (14b); "sus enseñanzas se extienden como gangrena" (17; "como un cáncer", DHH); "trastornan la fe de algunos" (18b).

Estas dos tendencias de la herejía son sumamente reveladoras. Haríamos bien en preguntarnos respecto a todo tipo de enseñanza cuál es su actitud hacia Dios, y cuál es su efecto sobre las personas. En el error aparece invariablemente algo que deshonra a Dios y daña a los hombres. La verdad, en cambio, siempre honra a Dios promoviendo la piedad, y siempre edifica a los oyentes. En lugar de trastornarlos y producir una *katastrofe* (14), los edifica en fe, amor y santidad.

Aunque la fe de la gente puede ser trastornada (18b), el fundamento de Dios permanece firme. Ésta es la verdadera iglesia que él está construyendo. Tiene un doble sello o inscripción. La primera de estas inscripciones es secreta e invisible: "El Señor conoce a los suyos". La segunda es pública y visible: "Que se aparte de la maldad todo el que invoca el nombre del Señor", demostrando que tal persona es del Señor por su conducta de santidad. Esta es posiblemente una referencia a la historia del Antiguo Testamento sobre la rebelión de Coré, Datán y Abiram (Nm 16.5, 26). En última instancia, Pablo está diciendo que sólo el Señor conoce y reconoce a su pueblo y puede diferenciar entre el verdadero y el falso o espurio, pues solo él ve el corazón. Sin embargo, aunque nosotros no podamos ver el corazón, podemos ver la vida y la conducta, que son evidencia de la condición del corazón. Ambos sellos son esenciales: el divino y el humano, el invisible y el visible. En conjunto dan testimonio del firme "fundamento de Dios", su verdadera iglesia.

La referencia a la necesidad de apartarse de la iniquidad es sin duda la que lleva a Pablo a presentar la metáfora siguiente.

8. Quinta metáfora: el vaso limpio | vv. 20–22

^{2.20-22} **En una casa grande no sólo hay vasos de oro y de plata sino también de madera y de barro, unos para los usos más nobles y otros para los usos más bajos. Si alguien se mantiene limpio, llegará a ser un vaso noble, santificado, útil para el Señor y preparado para toda obra buena. Huye de las malas pasiones de la juventud, y esmérate en seguir la justicia, la fe, el amor y la paz, junto con los que invocan al Señor con un corazón limpio.**

El cuadro que el apóstol está presentando es claro. Toda casa está equipada con vasos o utensilios de diferente clase: cacerolas, platos, fuentes, etcétera. En una "casa grande" o mansión se encuentran en cantidad y variedad. Se pueden dividir en dos grupos: aquellos de "oro y de plata" para "usos más nobles" o posiblemente para ocasiones especiales, y otros para el uso personal del dueño de casa. También hay vasos "de madera y de barro", que aparte de ser de calidad inferior se reservan para "usos más bajos" en la cocina o el lavadero.

¿A qué alude el apóstol en esta metáfora? Parece lógico y fuera de duda que la "casa grande" es la casa de Dios, la iglesia profesante y visible. Pero ¿qué representan los vasos? El uso de los términos en otros pasajes del Nuevo Testamento sugiere que no representan a los miembros de la iglesia en general, sino a los maestros. Por ejemplo, Jesús le dijo a Ananías acerca del recién convertido Pablo de Tarso: "¡Ve! —insistió el Señor—, porque ese hombre es mi instrumento escogido para dar a conocer mi nombre tanto a las naciones y a sus reyes como al pueblo de Israel" (Hch 9.15). Años más tarde, Pablo se describía a sí mismo y a sus colegas con una imagen similar cuando escribía: "tenemos este tesoro en vasijas de barro" (2Co 4.7). En estos versículos, la misma palabra griega *skeuos* se traduce como "instrumento", "vasija", y es la misma que utiliza en su carta a Timoteo. Un *skeuos* era un tipo de utensilio. Es cierto que cuando se refería a sí mismo como a una "vasija de barro" aplicaba la metáfora en forma diferente, ya que estaba enfatizando debilidad física, no que sólo era apto para "usos más bajos". No obstante, el tema de servicio sobresale en ambos versículos. Como "vaso", la función de Pablo era llevar el nombre de Cristo a los incrédulos, y la "vasija de barro" contenía el tesoro del evangelio, así como una frágil lámpara de barro llevaba la luz.

Considerando este uso de la palabra, creo que estamos justificados al concluir que las dos clases de vasos en la casa grande (los de oro y plata para usos más nobles; los de madera y barro para usos más bajos) no representan respectivamente a miembros genuinos y falsos de la iglesia, sino a maestros verdaderos y falsos. En efecto, Pablo se está refiriendo a las dos clases de maestros que había contrastado en el párrafo anterior; los auténticos, como Timoteo, y los falsos, como Himeneo y Alejandro. La única diferencia es que cambia la metáfora de buenos y malos obreros a vasos para honra y para deshonra.

Sería difícil exagerar el privilegio que Pablo presenta ante Timoteo en el verso 21. Más aun, lo extiende a todo ministro u obrero que reúne la condición, pues su afirmación está expresada en términos muy generales: "Si alguien se mantiene limpio". El privilegio se describe en palabras simples pero hermosas: "llegará a ser vaso noble", y esto se amplía con tres expresiones adicionales: "santificado" (apartado permanentemente), "útil para el Señor" (al servicio del amo de la casa) y "preparado para toda obra buena". No podríamos imaginar un honor mayor que ser un instrumento en las manos de Jesucristo, y estar a su disposición para el avance de sus propósitos cada vez que sea requerido para su servicio.

El amo de la casa sólo establece una condición. Los vasos que él utilice deberán estar limpios. La promesa gira en torno a esta condición. Salta a la vista que alguna clase de limpieza personal es la condición para ser útiles a Cristo; pero específicamente, ¿a qué limpieza se refiere? Las palabras "Si alguien se mantiene limpio" deben referirse a la relación con los vasos "para usos más bajos" mencionados en el versículo anterior. ¿En qué sentido hemos de purificarnos? No puede significar que cortemos nuestros vínculos de todos aquellos miembros de la iglesia que sospechamos no sean verdaderos creyentes y así separarnos de la iglesia visible, pues Jesús enseñó en su parábola que la cizaña había sido sembrada entre el trigo y que no podían separarse con éxito hasta el tiempo de la cosecha. Además, ya hemos visto que la referencia a las dos clases de vasos es a maestros y no a miembros de la iglesia en el sentido general. Este dato y el contexto sugieren, por lo tanto, que debemos mantenernos separados de la clase de maestros falsos que, como Himeneo y

Fileto, niegan algún fundamento del evangelio y que (de acuerdo a lo que vemos en 1Ti 1.19–20), también han violado sus conciencias y han caído en alguna forma de impiedad. Si consideramos bien, la condición de Pablo es todavía más radical. Lo que hemos de evitar no es tanto el contacto con ellos, sino su error y maldad. Purificarnos es esencialmente purgar nuestra mente de la falsedad, nuestro corazón y vida de la maldad. En consecuencia, la pureza (pureza de doctrina y de vida) es la condición esencial para ser útiles a Cristo.

La confirmación de que esta interpretación es la correcta, la encontramos en el hecho de que la metáfora de la "casa grande" está intercalada entre dos claras referencias a la santidad personal. "Que se aparte de la maldad todo el que invoca el nombre del Señor" (19) y "Huye de las malas pasiones de la juventud, y esmérate en seguir la justicia [...]" (22). Es verdad que en su providencia soberana Dios ha utilizado en algunas oportunidades vasos impuros como instrumento de juicio y de salvación. En los tiempos del Antiguo Testamento, describió a la Asiria pagana como "vara de mi ira... garrote de mi enojo [...]" (Is 10.5), el instrumento con que azotó al recalcitrante Israel. También llamó a Nabucodonosor, rey de Babilonia, "mi siervo", y por medio de él juzgó a su pueblo; a Ciro, rey de Persia, llamó su "pastor" y su "ungido", por medio de quien redimió a Israel (Jr 25.9; 27.6; 43.10 e Is 44.28; 45.1). Pero estos fueron casos excepcionales. El énfasis abrumador de las Escrituras es que Dios elige y utiliza vasos limpios, "instrumentos de justicia" (Ro 6.13), para el cumplimiento de sus propósitos. Sin lugar a equívocos, en la exhortación de Pablo a Timoteo está bien claro que este obrero debe purificarse si ha de ser apto para el servicio al Maestro.

A continuación, el apóstol amplía lo que quiere decir con una apelación que es tanto negativa como positiva. En el aspecto negativo, Timoteo ha de huir de las pasiones juveniles. Esto no debe interpretarse exclusivamente en el sentido de pasiones sexuales, sino también ambiciones egoístas, indulgencia, arrogancia, y otros impulsos caprichosos de la juventud. En el aspecto positivo, Timoteo debe seguir o apuntar a cuatro marcas esenciales de un cristiano: "la justicia, la fe, el amor y la paz" (22) y ha de hacerlo en buena compañía de aquellos que "invocan al Señor con un corazón limpio", vale decir, quienes comparten con Timoteo la misma hambre de justicia y con sinceridad claman a Dios para que lo satisfaga.

Al escuchar la exhortación moral de Pablo, es importante notar el agudo contraste entre sus aspectos negativo y positivo, en particular entre los verbos "huir" y "seguir". Ambos son muy sugestivos. *Feugo* (huye) significa literalmente "buscar seguridad por medio de la huida" o "escape". Se utiliza al hablar de escapar de peligros físicos, como cuando Moisés huyó de la ira de Faraón y cuando la familia sagrada huyó de Herodes (Hch 7.29; Mt 2.13). También la palabra se emplea al referirse al asalariado que huye del lobo y abandona a las ovejas, y a los judíos cristianos cuando en el año 70 Jerusalén fue sitiada por las legiones romanas y debieron huir a las montañas (Jn 10.12–13; Lc 21.21). De la misma manera, cuando el verbo se utiliza en forma figurada, denota huida de algún peligro espiritual. A todos los pecadores se los exhorta a huir de la ira que ha de venir (Mt 3.7). A los creyentes se les manda que huyan de la idolatría, de la inmoralidad, del espíritu materialista, del amor al dinero y, en esta ocasión, de las pasiones juveniles (1Co 10.14; 6.18; 1Ti 6.11). Es cierto que también se nos exhorta a resistir al diablo para que él huya de nosotros (Stg 4.7), pero lo que debemos reconocer es que en el pecado hay algo peligroso para el alma. No hemos de entretenerlo ni negociar con él ni detenernos en su presencia como hizo Lot en Sodoma (Gn 19.15, 16). Por el contrario, debemos alejarnos de él lo más lejos y lo más pronto posible. Así como José, cuando la esposa de Potifar procuró seducirlo, nosotros también tenemos que echar a correr (Gn 39.12).

El verbo *dioko* (sigue) es precisamente lo opuesto. Así como *feugo* significa "huir de", *dioko* significa "correr detrás de" o "perseguir", ya sea en la caza o en la guerra. El uso literal y reiterado de la palabra en el Nuevo Testamento (se utiliza aproximadamente treinta veces) es el de persecución. Pablo mismo la utiliza cuando habla de sus actividades antes de convertirse, refiriéndose a la manera en que perseguía a la iglesia (Gá 1.13) y a su furia contra los creyentes, a quienes castigaba en las sinagogas, y perseguía hasta ciudades extranjeras (Hch 26.11). En forma de metáfora, este verbo es utilizado para ilustrar la búsqueda de la voluntad de Dios por parte del cristiano. Usando la ilustración de una carrera de carruajes romanos, Pablo se describe a sí mismo como esforzándose con determinación, y afirma "sigo" y nuevamente "sigo avanzando hacia la meta" (Flp 3.12, 14). En particular, al creyente se le urge a que persiga la justicia moral con la misma intensidad con que los judíos perseguían la justicia legal (Ro 9.31). En otros pasajes esta justicia o "santidad" (Heb 12.14) se divide en sus partes constitutivas y se suplementa con otras virtudes. Debemos seguir denodadamente "la justicia, la piedad, la fe, el amor, la constancia y la humildad" (1Ti 6.11) o sencillamente "el amor" (1Co 14.1), en especial aquel amor hacia los desconocidos que la Biblia llama "la hospitalidad" (Ro 12.13) y "hacer el bien, no sólo entre ustedes sino a otros", lo cual es siempre producto del amor (1Ts 5.15), o sencillamente "la paz", aquella gracia que todo lo incluye: "lo que conduzca a la paz y a la mutua edificación" (Heb 12.14a; 1 P 3.11 citando Sal 34.15; Ro 14.19). En todos estos pasajes se utiliza la misma palabra *dioko* (perseguir).

De manera que, volviendo a unir estos dos aspectos de la exhortación de Pablo que hemos estudiado separadamente, debemos tanto huir del peligro como correr tras el bien espiritual, huir del primero con el fin de escapar del daño, y perseguir al segundo con el propósito de alcanzarlo. Esta doble responsabilidad del cristiano es la enseñanza consecuente y reiterada de las Escrituras. Así, pues, hemos de negarnos a nosotros mismos y seguir a Cristo. Debemos despojarnos de la vida vieja y vestirnos de la nueva; hacer morir todo lo que es propio de la naturaleza terrenal, y en cambio buscar las cosas de arriba, las cosas celestiales; vivir por el Espíritu y no satisfacer los deseos de la naturaleza pecaminosa. Ése es el secreto de la santidad. Sólo de esta manera podemos llegar a ser vasos útiles para el servicio del Maestro. Si anhelamos alcanzar la promesa ("llegará a ser un vaso noble"), debemos cumplir con la condición: "Si alguien se mantiene limpio [...]".

9. Sexta metáfora: el siervo del señor | vv. 23–26

2. 23-26 No tengas nada que ver con discusiones necias y sin sentido, pues ya sabes que terminan en pleitos. Y un siervo del Señor no debe andar peleando; más bien, debe ser amable con todos, capaz de enseñar y no propenso a irritarse. Así, humildemente, debe corregir a los adversarios, con la esperanza de que Dios les conceda el arrepentimiento para conocer la verdad, de modo que se despierten y escapen de la trampa en que el diablo los tiene cautivos, sumisos a su voluntad.

La metáfora vuelve a cambiar. El vaso en la casa se cambia ahora en un esclavo de la familia. El *skeuos* se transforma en un *doulos*. Pero, antes de bosquejar la clase de comportamiento que debe caracterizar al siervo del Señor, Pablo describe el contexto dentro del cual debe vivir y trabajar. Vuelve al tema de evitar "las discusiones inútiles" del verso 14 y "las palabrerías profanas" del verso 16.

La palabra traducida "pleitos" (23) (*zetesis*, un sustantivo singular), se utiliza normalmente en dos sentidos. Puede significar una investigación, como la averiguación legal a los cargos hechos contra Pablo acerca de los cuales Festo le dijo a Agripa que no sabía cómo encarar (Hch 25.20), o a un "altercado", como el debate entre los apóstoles y los judaizantes acerca de la circuncisión (Hch 15.2, 7). Si se utilizara en el primer sentido, se estaría refiriendo a una especie de investigación filosófica y podría traducirse como "especulación", pero si se utilizase en el sentido sugerido en segundo lugar, la alusión podría ser a una "controversia".

La palabra aparece tres veces en las cartas pastorales (una vez en cada una de ellas: 1Ti 6.4; 2Ti 2.23; Tit 3.9), o cuatro veces si se agrega *ekzetesis*, el término algo reforzado que se usa en 1 Timoteo 1.4. Esta última palabra parece significar "especulación inútil". En el contexto las disputas son el producto de una preocupación por "leyendas y genealogías interminables". Al final de la misma carta, la palabra *zeteseis* (plural) está unida a *logomachiai*, que significa "contienda de palabras", y de ambas se dice que producen "envidias, discordias, insultos, suspicacias y altercados" (1Ti 6.4–5a), de manera que la referencia es más bien a controversias acaloradas.

Quizá no sea necesario elegir entre los dos significados. En Tito 3.9 aparecen combinadas las exhortaciones a evitar cuatro situaciones: "necias controversias [*zetesis*], genealogías [nuevamente la idea de especulaciones], discusiones [*ereis*] y peleas [*machas*: batallas] sobre la ley". La palabra *machas* aparece también en 2 Timoteo 2: "terminan en pleitos" (23), y el versículo 14 recomienda no incurrir en *logomachein* (contiendas de palabras, ver 1Ti 6.4). En el verso 24 se refiere a *machestai* (contender). La expresión utilizada por Calvino, "especulaciones contenciosas", combina adecuadamente los dos énfasis.

¿Qué es, entonces, lo que se le está vedando a Timoteo y por medio de él a todos los siervos del Señor? No podemos concluir que sea una prohibición a todo tipo de controversia, pues cuando la verdad del evangelio estaba en juego, Pablo mismo se transformó en un ardiente controversista, aun hasta el extremo de resistir cara a cara al apóstol Pedro públicamente (ver Gá 2.11–14). Además, en estas epístolas pastorales está amonestando a Timoteo y a Tito a preservar y bregar por la buena doctrina, la preciosa enseñanza de la verdad. Todo cristiano debe en algún sentido pelear "la buena batalla de la fe" (1Ti 6.12; 2Ti 4.7), procurando defenderla y preservarla. Lo que se nos prohíbe es incursionar en controversias que en sí mismas son "necias y sin sentido" y que sólo generan contiendas. Son "tontas" (PDT) porque son especulativas. Por la misma razón, "no tienen ton ni son" (DHH), son "insensatas" (RVR 60); *apaideutos* es, literalmente, "sin instrucción" o "indisciplinadas", pues van más allá de las Escrituras y no se someten a la disciplina intelectual que la Escritura debería imponerles. Inevitablemente también "terminan en pleitos", porque cuando alguien reemplaza la revelación por la especulación pierde toda base de autoridad y todo tribunal de apelación imparcial. Cae en un subjetivismo puro y así en argumentos improductivos en que la opinión de una persona es tan buena (o mala) como la de otra. ¡Si tan sólo la iglesia hubiera atendido a esta advertencia!

La combinación de especulaciones no bíblicas y de polémicas faltas de amor ha causado mucho daño a la causa de Cristo. La característica principal del "siervo del Señor" debe ser la amabilidad (24, 25a). Ya hemos visto que Timoteo es llamado a un ministerio de enseñanza y, por lo tanto, debe ser "capaz de enseñar" (*didaktikos*), dotado de un don o aptitud para enseñar. Su instrucción deberá ser en algunas ocasiones negativa al igual que positiva. Vale decir que no sólo es llamado a enseñar la verdad a aquellos cuyo cuidado le ha sido confiado, sino también a corregir el error. No debe retraerse de "corregir a los adversarios" o "a los rebeldes" (DHH). En todo su ministerio, instruyendo y corrigiendo, debe exhibir la misma calidad. "No debe andar peleando", sino por el contrario ser "amable con todos… no propenso a irritarse" y caracterizado por su humildad. La primera palabra (*epios*) significa "manso", y Pablo la utiliza para describir la actitud de la nodriza cuidando a los niños (1Ts 2.7). La segunda palabra (*anexikakos*) significa literalmente "sufriendo el mal sin resentimiento", es decir, sufriendo pacientemente la falta de bondad, soportando con paciencia los gestos insensatos, y siendo tolerante con las reacciones infantiles. La última de estas tres palabras (*prautes*) añade a la amabilidad una nota de humildad, de cortesía, consideración y mansedumbre. Lo opuesto a todo esto sería la actitud altiva, altanera, agresiva.

Todo esto conforma el porte que corresponde al "siervo del Señor" y, sin duda, es reminiscente de ese otro "siervo del Señor" descrito por Isaías en el "Cántico del Siervo". Ese siervo era un maestro, pues el Señor le había dado "lengua instruida" y la utilizó sabiamente para "sostener con mi palabra al fatigado". Tan manso fue en su ministerio que nunca alzó su voz ni gritó, y era tan sensible que trató con suavidad a aquellos cuya valentía había sido aplastada o cuya fe se apagaba. Jamás rompió una "caña quebrada", ni apagó un "mecha que apenas arde". Cuando la gente se levantó en oposición no se resistió ni se vengó. Presentó su espalda a los azotadores, sus mejillas a aquellos que tironeaban de su barba, su rostro a los que le escupían, y finalmente permitió que lo llevaran como un cordero al matadero, en silencio y sin resistencia (Is 50.4; 42.2, 3; 50.6; 53.7). Tal fue Jesús de Nazaret, el siervo del Señor por excelencia, quien se describió a sí mismo como "apacible y humilde de corazón" (Mt 11.29). Esta misma mansedumbre y ternura de Cristo (2Co 10.1) debe caracterizar a todos los que hoy día afirman ser siervos del Señor.

Además, si el siervo del Señor adorna su enseñanza cristiana con el carácter cristiano, y si es manso en sus modales con los descarriados, corrigiendo "a los adversarios" con amabilidad, el resultado será de beneficio duradero. A través de tal ministerio, Dios mismo puede realizar una notable obra de salvación.

Debemos observar cuidadosamente en los versos 25b y 26 cómo son tratados estos opositores de la verdad apostólica. Evidentemente, son pecaminosos, pues tienen necesidad de arrepentirse, y también están en el error, pues necesitan "conocer la verdad". Pero lo que más sobresale es que el mal y el error en que están involucrados son considerados como síntomas "de la trampa en que el diablo los tiene cautivos" y de la que necesitan ser liberados. Además, si bien es importante el rol del siervo del Señor en corregirlos, es Dios mismo quien les concede todo arrepentimiento, quien ilumina sus mentes para reconocer la verdad, y quien los libra del poder de Satanás. La expresión griega literalmente se traduce como "concederles arrepentimiento para o hacia (*eis*) el reconocimiento de la verdad", haciendo que su reconocimiento de la verdad sea una consecuencia del arrepentimiento. Éste es un buen ejemplo del fuerte eslabón que las Escrituras enfatizan entre lo moral y lo intelectual. Todos sabemos que nuestras creencias condicionan nuestro comportamiento, pero no todos estamos tan convencidos de que nuestro comportamiento también condiciona nuestras creencias. Así como violar la conciencia conduce al naufragio de la fe (1Ti 1.19), también el arrepentimiento de nuestro pecado nos guía al reconocimiento de la verdad.

Hay un grado de incertidumbre respecto a la última frase del verso 26, que literalmente se traduce como "habiendo sido cautivados por él para la voluntad de aquel uno". No está claro si el pronombre "él" (en referencia a quien los cautiva) y la expresión "de aquel" (cuya voluntad efectúan) se refieren a una sola persona, ya sea a Dios o al diablo. Algunos interpretan que ambos se refieren a Dios, describiendo así la captura divina que asegura a los hijos de Dios el escape del diablo. El verbo cautivar es *zogreo* y significa "capturar vivo". El otro caso en el que se utiliza es en Lucas 5.10 cuando Jesús le dice a Pedro, el pescador, que en el futuro "capturará hombres". Quizá por esta razón algunos comentaristas atribuyen la captura al siervo de Dios. Por ello, Loch escribió: "¿No podría ser que yo llegue a ser un pescador de hombres, salvándolos vivos, trayéndolos de vuelta para hacer la voluntad de su verdadero Maestro?".

Otros piensan que la cautividad es del diablo, si bien la voluntad es la de Dios. Pero la mayoría de los comentaristas parecen coincidir en que esta última frase del versículo 26, "sumisos a su voluntad", se refiere al diablo, en cuyo caso la frase sencillamente amplía el significado previo de "la trampa en que el diablo los tiene cautivos". Si esta interpretación es la correcta, nos permite ver detrás del escenario en cada ministerio de evangelización o enseñanza. Detrás del escenario y de manera invisible para quienes actúan en el ministerio, al igual que para el auditorio, se está desarrollando una batalla espiritual. La malvada actividad del diablo se describe gráficamente. Se lo compara con un cazador que captura viva a su presa por medio de un astuto lazo o trampa. También los droga o embriaga, pues la palabra utilizada para el escape de sus cautivos (*amanefo*) significa literalmente "volver a la sobriedad" o "volver a la sensatez" después de un período de embriaguez diabólica. Sólo Dios puede liberar de tal cautividad, en que hombres y mujeres son atrapados y drogados por el diablo, y concederles el arrepentimiento del pecado y el reconocimiento de la verdad. Pero Dios efectúa el rescate por medio del ministerio humano de un siervo que evita contiendas y enseña con bondad, paciencia y mansedumbre.

Recapitulando, podemos vislumbrar en nuestra mente el cuadro del obrero cristiano ideal que Pablo ha estado pintando con palabras e imágenes variadas. Debemos dedicarnos totalmente a nuestra obra como buenos soldados, como atletas que actúan legítimamente o labradores que trabajan con esfuerzo. Como obreros sin vergüenza, debemos ser claros y exactos en nuestra exposición. Como vasos para usos de honra, debemos ser justos en nuestro carácter y conducta. Finalmente, el siervo del Señor debe ser cortés y amable. Cada metáfora se concentra en una característica que contribuye a presentar un cuadro completo, estableciendo en cada caso la condición para ser útiles. Solamente si nos entregamos sin reservas a la pelea, la carrera y la labranza, podremos esperar buenos resultados. Sólo si trazamos la verdad en forma recta y no nos desviamos, seremos aprobados por Dios y no habrá motivo de vergüenza. Únicamente si nos purificamos de lo vil, de todo pecado y error, seremos vasos para honra, instrumentos útiles para el amo de la casa. Solamente si somos afables y no contenciosos, como siervos verdaderos del Señor, Dios dará arrepentimiento a nuestros adversarios, conocimiento de la verdad y liberación del mal.

Tal es nuestra pesada responsabilidad de trabajar y sufrir por el evangelio. No sorprende que el capítulo haya comenzado con una invitación: "Fortalécete por la gracia que tenemos en Cristo Jesús".

III

El encargo de perseverar en el evangelio

Confinado en su celda, prisionero del Señor, Pablo sigue preocupado por el futuro del evangelio. Su mente se posa por momentos sobre los males del siglo, en otros momentos sobre la timidez de Timoteo. El joven ministro es tan débil y la oposición tan fuerte… Parece una anomalía que un hombre como él sea llamado en tales circunstancias a contender por la fe. Por esta razón, el apóstol comienza con un cuadro vivo de la escena de su tiempo, y con esto como fondo exige a Timoteo a seguir fiel en lo que había aprendido, a pesar de la apostasía casi universal y de su debilidad de temperamento.

1. Encarando tiempos difíciles | vv. 1–2a

> 3. 1–2a **Ahora bien, ten en cuenta que en los últimos días vendrán tiempos difíciles. La gente estará llena de egoísmo y avaricia […]**

¿Por qué comienza Pablo este capítulo con un mandamiento enfático: "ten en cuenta"? Al parecer era evidente que existía una fuerte oposición al evangelio. Pablo mismo había sido arrestado, encadenado y encarcelado precisamente por su lealtad al evangelio (1.11–12; 2.9). Todos en Asia lo habían repudiado, como Timoteo bien lo sabía (1.15). En un párrafo anterior el apóstol le había dicho a su joven amigo que no se avergonzara del evangelio, sino que asumiera su parte de sufrimiento como buen soldado de Cristo, recordándole que debía sufrir por Cristo si es que deseaba un día reinar con él, y además le había advertido que detrás de las "discusiones inútiles", de las "palabrerías profanas" y las controversias difundidas por falsos maestros, acecha la figura del diablo (1.8; 2.3, 11, 12, 14, 16, 23, 26). ¿Por qué entonces le dice el apóstol a Timoteo que "debe saber" (DHH) lo que ya sabe? Sin duda, porque desea enfatizar que la oposición a la verdad no es una circunstancia pasajera, sino una característica permanente del siglo. Quizás tema que Timoteo esté algo confiado en que si sufre y se humilla por un tiempo la tormenta pasará. Pero Pablo no le da esta esperanza. Nosotros también debemos "saber esto" (RVR 60), y estar seguros de que nos afectarán peligros y problemas si nos mantenemos firmes en la verdad del evangelio.

A continuación, Pablo se refiere a los "últimos días". Puede parecer natural aplicar estos términos a una época futura, a los días que precederán en forma inmediata al fin, cuando Cristo regresará. Pero el sentido bíblico no nos permite hacerlo. La convicción de los autores del Nuevo Testamento fue que la nueva dispensación (prometida en el Antiguo Testamento) arribó con Jesucristo, y que con su venida la antigua era había pasado y los últimos días habían amanecido. En el día de Pentecostés fue citada la profecía de Joel diciendo que "en los últimos días" Dios derramaría su Espíritu sobre toda carne, declarando que esta profecía se había cumplido: "… es lo que anunció el profeta Joel". En otras palabras, "los últimos días" a los cuales se refería el profeta ya habían llegado (Hch 2.14–17). De igual manera, la Carta a los hebreos comienza diciendo que Dios, quien había hablado en otros tiempos a los padres por los profetas, "en estos días finales" nos ha hablado por medio de su Hijo (1.1–2). Siendo esto así, estamos viviendo en los postreros días. Fueron introducidos por Jesucristo, el Hijo de Dios.

Por tanto, lo que sigue en el tercer capítulo de 2 Timoteo es una descripción del presente, no del futuro. Pablo describe todo el período que transcurre entre la primera y la segunda venida de Cristo. Según Calvino, "en [el concepto de] los postreros días Pablo incluye la condición universal de la iglesia cristiana". Esto no solo surge de la forma en que la expresión "últimos días" se utiliza en el Nuevo Testamento, sino que es también evidente por el hecho de que Pablo aquí no hace predicciones acerca de una época futura que Timoteo no ha de ver, sino que da instrucciones relacionadas con su ministerio presente, incluyendo (por ejemplo), el mandamiento de "evitar" a ciertas personas: "¡Con esa gente ni te metas!" (5). Timoteo ya estaba viviendo en los "últimos días" a los cuales Pablo se refiere, al igual que nosotros. Puede ser que empeoren en el futuro (13), pero aun ahora los tiempos son malos y peligrosos. En estos días finales, agrega Pablo, "vendrán tiempos difíciles". Lo que Timoteo debe entender o saber sobre estos últimos días es que no serán días uniformes o continuamente malos, sino que incluirán períodos peligrosos. La historia de la iglesia lo confirma. Como un navío saliendo en alta mar, la iglesia cristiana no debía esperar un viaje sereno y sin dificultades, sino que sería, y lo ha sido, azotada por tormentas, tempestades, y aun por huracanes.

A estos períodos Pablo los denomina "tiempos difíciles". El adjetivo griego *chalepos* significa básicamente "duro" o "difícil", e implica ya sea "duro de soportar" (por ejemplo, en el caso del dolor físico o mental) o "duro de encarar, violento, peligroso, amenazante". La palabra era utilizada en el griego clásico para referirse tanto a animales salvajes como al mar furioso. La única ocasión en que se utiliza la palabra en el Nuevo Testamento, aparte de esta, es en la historia de los dos endemoniados gadarenos, quienes eran tan salvajes como fieras indómitas y a quienes Mateo describe como "tan violentos (*chalepos*) que nadie se atrevía a pasar por aquel camino" (Mt 8.28). Esto nos da una idea de la clase de tiempos que la iglesia debe esperar en estos postreros días. Serán peligrosos y dolorosos, duros de soportar y difíciles de encarar.

Pablo procede de inmediato a explicarnos por qué serán así: "La gente estará [...]". Es importante reconocer que serán seres humanos los responsables de los períodos de amenaza que la iglesia debe sobrellevar: seres caídos, individuos malos cuya naturaleza está pervertida, cuyo comportamiento es egocéntrico e impío, cuyas mentes son hostiles hacia Dios y hacia su ley (ver Ro 8.7), quienes diseminan en la iglesia el mal, las herejías y una religión muerta.

Antes de estudiar en detalle la caracterización que Pablo hace de estos hombres debemos absorber sus palabras introductorias. Primeramente, estamos viviendo en los postreros días; Cristo los introdujo cuando vino al mundo. En segundo lugar, estos días incluirán períodos peligrosos y difíciles. En tercer lugar, serán el resultado de la actividad de hombres malos. En cuarto lugar, debemos conocer bien todo esto, comprenderlo con claridad, y de esta manera estar preparados.

2. La descripción de los hombres malos | vv. 2–9

3. 2-9 **La gente estará llena de egoísmo y avaricia; serán jactanciosos, arrogantes, blasfemos, desobedientes a los padres, ingratos, impíos, insensibles, implacables, calumniadores, libertinos, despiadados, enemigos de todo lo bueno, traicioneros, impetuosos, vanidosos y más amigos del placer que de Dios. Aparentarán ser piadosos, pero su conducta desmentirá el poder de la piedad. ¡Con esa gente ni te metas! Así son los que van de casa en casa cautivando a mujeres débiles cargadas de pecados, que se dejan llevar de toda clase de pasiones. Ellas siempre están aprendiendo, pero nunca logran conocer la verdad. Del mismo modo que Janes y Jambres se opusieron a Moisés, también esa gente se opone a la verdad. Son personas de mente depravada, reprobadas en la fe. Pero no llegarán muy lejos, porque todo el mundo se dará cuenta de su insensatez, como pasó con aquellos dos.**

Este primer párrafo del capítulo 3 está dedicado a presentar un cuadro meticuloso de esta gente. Pablo describe en particular su conducta moral (vv. 2–4), su conducta religiosa (v. 5) y su celo proselitista (vv. 6–9).

a. Su conducta moral | vv. 2–4

En estos tres versos el apóstol utiliza nada menos que dieciocho expresiones para describir a los malos que son los responsables de los "tiempos difíciles". Notemos de inmediato la primera y la última de las expresiones utilizadas. La primera de ellas nos dice que son *filautoi* ("amadores de sí mismos", RVR, NTV), "gente llena de egoísmo" y la última (4) que no son, como deberían ser, amadores de Dios *(filoteoi)*. Cabe destacar que cuatro de las dieciocho expresiones están compuestas por amor *(fil-)*, sugiriendo que lo que está fundamentalmente mal con estos seres es que son "gente… llena de egoísmo y avaricia" y "más amigos del placer que de Dios" (2, 4).

Entre estas cuatro, aparecen otras catorce expresiones, que son casi en su totalidad descriptivas de las relaciones de los hombres entre sí.

Las primeras tres amplían el significado de "amor a sí mismos" o amor propio. Aquellos que se aman a sí mismos en exceso se tornan "jactanciosos, arrogantes, blasfemos". La primera expresión significa fanfarrón o baladrón (*alazones*), la segunda denota arrogancia (*hyperefanoi*), lo cual conduce naturalmente a la tercera: maldiciente (*blasfemoi*), porque inevitablemente quienes tienen un concepto exagerado de sí mismos desprecian con desdén a los demás y hablan mal de ellos.

Las cinco palabras siguientes se pueden agrupar convenientemente, pues parecen referirse a la vida de familia, en particular a la actitud que algunos jóvenes adoptan hacia sus padres. Las palabras griegas son todas negativas en su forma y comienzan con el prefijo *a-*, como las palabras castellanas que comienzan con *a*: apolítico o *dis*conforme, *dis*par, como para recalcar la ausencia de aquellas cualidades que la misma naturaleza nos indica podríamos esperar. La primera es "desobedientes a los padres", a quienes los hijos deben honrar según las Escrituras y, por lo menos durante la minoridad, obedecer. La segunda es "ingratos", o sea, carentes del aprecio más elemental. La siguiente palabra se traduce "impíos" (*anosioi*), dado que *nosios* normalmente significa "devoto" o "pío". Pero al igual que el adjetivo *eusebes* (reverente), se utilizaba a veces en el griego clásico con el sentido de respeto filial. En este caso, el contexto sugiere que puede ser esa la alusión. El calificativo "insensibles" (*astorgoi*) sugiere que es parte del orden natural que padres e hijos se amen unos a otros. La última palabra de estas cinco es *aspondoi* y se traduce "implacables". Describe una situación en la cual las personas (posiblemente la referencia primaria sea a los jóvenes) se hallan en una actitud de rebelión tal que ni siquiera están dispuestas a acercarse a la mesa para negociar. En una sociedad ideal la relación de los hijos hacia sus padres debería caracterizarse por obediencia, gratitud, respeto, afecto y razonamiento. En "tiempos difíciles" estas cinco características se encuentran ausentes.

Las restantes siete palabras de este catálogo van más allá del círculo familiar. La primera es "calumniadores" (*diaboloi*, literalmente diablos). Son culpables del pecado de hablar mal contra otros, especialmente a sus espaldas. También son "libertinos" (*akrateis*) o carecen de autocontrol, "despiadados" (*anemeroi*), con el posible sentido de "indómitos" y "enemigos de todo lo bueno" (*afilazatoi*). Finalmente son "traicioneros" (palabra utilizada en Lucas 6.16 acerca del traidor Judas), "impetuosos" (completamente carentes de consideración en palabras y hechos) y "vanidosos". Así llegamos al mal principal de la detestable lista: el orgullo.

Todo este comportamiento antisocial, esta condición de desobedientes, ingratos, irrespetuosos, de actitudes inhumanas hacia los padres, junto con la ausencia de control, lealtad, prudencia y humildad, es la consecuencia inevitable de un egocentrismo impío. En un comentario sobre el significado de *filantos* (egoísta), Trench hace referencia a un teólogo puritano, de quien no menciona el nombre, que asemeja al "egoísta con un puercoespín que, encogiéndose en forma de pelota, solo presenta sus espinas para los que están alrededor, guardando al mismo tiempo toda la blanda y abrigada lana en la parte interior, para sí mismo". Está claro que los "jactanciosos, arrogantes" y "vanidosos" nunca se han de sacrificar por otros. El orden de Dios, declarado explícitamente en su ley moral, es que lo amemos a él primero (con todo nuestro corazón, mente y fuerzas), luego a nuestro prójimo, y a nosotros en último lugar. Si invertimos el orden del primero y del tercero, poniendo al ego primero y a Dios al final, es inevitable que sufra nuestro prójimo que está en el medio.

Así, pues, la raíz del problema en "tiempos difíciles" es que los hombres son totalmente egocéntricos, amadores de sí mismos (*filautoi*), según Simpson un término "aristotélico… para describir un amor propio excesivo".

Sólo el evangelio ofrece una solución radical a este problema, pues únicamente él promete un nuevo nacimiento y una nueva creación que involucran un cambio total de adentro hacia afuera, del egoísmo a la negación de uno mismo; una verdadera reorientación de la mente y la conducta, y que fundamentalmente nos hace teocéntricos en lugar de egocéntricos. Cuando Dios está primero y el ego último, amamos al mundo al cual Dios ama y buscamos dar y servir como él lo hace.

b. Su conducta religiosa | v. 5

Puede ser una sorpresa descubrir que seres como estos, carentes de las actitudes decentes de una sociedad civilizada y más aun de la ley de Dios, puedan ser religiosos, pero es así. Aunque sea vergonzoso confesarlo, a lo largo de toda la historia la religión y la moral han estado más divorciadas que unidas. Ciertamente las Escrituras dan testimonio de este hecho. Los grandes profetas de la ética en los siglos séptimo y octavo antes de Cristo denunciaron a Israel y Judá precisamente por esta causa. Amós, durante el reinado de Jeroboam II, fue el primero en señalar la anomalía de un resurgimiento religioso en forma simultánea con la injusticia. Denunció a los adoradores israelitas diciendo: "Junto a cualquier altar se acuestan sobre ropa que tomaron en prenda, y el vino que han cobrado como multa [injustamente] lo beben en la casa de su Dios" (Am 2.8). En otras palabras, en la misma observación de sus deberes religiosos estaban utilizando vestimenta y vino a los cuales no tenían derecho moral. La inmoralidad había invadido su vida religiosa.

Isaías deploraba la misma aberración en Judá. Por medio de él Dios se dirigió a su pueblo diciendo:

> Is 1.14 **Yo aborrezco sus lunas nuevas y festividades;**
> **se me han vuelto una carga**
> **que estoy cansado de soportar.**
> **15Cuando levantan sus manos,**
> **yo aparto de ustedes mis ojos;**
> **aunque multipliquen sus oraciones,**
> **no las escucharé,**
> **pues tienen las manos llenas de sangre.**
> **16¡Lávense, límpiense!**
> **¡Aparten de mi vista sus obras malvadas!**
> **¡Dejen de hacer el mal!**
> **17¡Aprendan a hacer el bien!**
> **¡Busquen la justicia y reprendan al opresor!**
> **¡Aboguen por el huérfano y defiendan a la viuda!**

El Señor Jesús tuvo que hacer el mismo reclamo ante los fariseos, los ultrarreligiosos de su tiempo: "limpian el exterior del vaso y del plato, pero por dentro están llenos de robo y de desenfreno" (Mt 23.25). Vale decir, procedían meticulosamente para asegurarse de la pureza ceremonial de sus vasos, mientras que lo que comían y bebían de sus vasos y platos limpios había sido adquirido con apetito impuro y deshonestidad.

El mismo mal estaba presente en la gente a la cual Pablo está describiendo. Preservaban una forma o "apariencia de piedad"

(RVR 60); en realidad, tan sólo "Aparentarán ser piadosos, pero su conducta desmentirá el poder de la piedad" (5). Evidentemente asistían a las reuniones de culto de la iglesia; cantaban los himnos; decían el "amén" a las oraciones, y ponían su dinero en la caja de las ofrendas. Parecían ser notablemente piadosos. Sin embargo, era forma sin poder, apariencia exterior sin realidad interior, religión sin moral, fe sin obras.

La verdadera religión combina la forma con el poder. No es una forma exterior sin poder. Tampoco, por otro lado, enfatiza el poder moral de tal manera como para desdeñar o despreciar las formas externas correctas, sino que las combina. Promueve una adoración que es esencialmente espiritual, que surge del corazón, pero que se expresa en servicio corporativo y público, y se manifiesta en el comportamiento moral. Lo contrario no sólo carece de valor, sino que constituye una abominación para el Señor.

No sorprende en absoluto que Pablo agregue las palabras "¡Con esta gente ni te metas!". Esto no significa que debía evitar todo contacto con pecadores, pues Jesús mismo había sido "amigo de recaudadores de impuestos y de pecadores", y si Timoteo iba a cortar todo contacto con ellos, debería salir del mundo (Comp. 1Co 5.9–12). Pablo se refiere más bien a lo que ocurre dentro de la iglesia, pues ha estado dando una descripción de "una especie de cristianismo pagano" (Ellicot), y Timoteo no debía estar implicado con los que podríamos llamar "pecadores religiosos". Podemos ir un paso más adelante y señalar que según las Escrituras cualquiera que lleve un notorio mal comportamiento debe ser disciplinado, y si persiste en su actitud sin arrepentirse, debe ser excomulgado (Comp. 1Co 5.5, 13).

c. El celo proselitista | vv. 6–9

Es realmente pasmoso que el tipo de personas que el apóstol está describiendo, llenos de amor propio, impiedad y malicia, no sólo profesan religión, sino que también la propagan activamente.

Es posible que su celo proselitista sea presentado como una operación militar. El verbo traducido "cautivar" (*aichmalotizo*) significa "tomar prisionero en la guerra", aunque Arndt y Gingrich agregan que la "figura puede palidecer" de manera que la palabra signifique "llevarse [algo o alguien], descarriar, engañar". De cualquier manera, el método no era abierto y directo, sino furtivo, secreto y astuto. Estos mercaderes de la herejía procedían con bajeza, introduciéndose en las casas por la puerta posterior en lugar de la del frente; elegían las horas del día en que los hombres estaban ausentes (posiblemente trabajando) y concentraban su atención sobre mujeres débiles. Este procedimiento, comenta Ellicot, "es tan viejo como la caída del hombre, pues la serpiente engañó primero a Eva". Fue también empleado por los gnósticos, y ha sido el método habitual de mercaderes religiosos itinerantes, como lo son los Testigos de Jehová en el día de hoy.

Pablo se refiere a las víctimas por ellos elegidas con el término *gynaikaria*, "mujeres débiles", un término despectivo usado para mujeres ociosas, tontas. Su debilidad tenía doble sentido. En primer lugar, eran débiles moralmente, "cargadas de pecados, que se dejan llevar de toda clase de pasiones". Sus pecados eran una carga y a la misma vez un tirano, y los falsos maestros, entrando astutamente en sus casas, especulaban con sus sentidos de culpa y de pecado. En segundo lugar, eran débiles intelectualmente, inestables, crédulas, fáciles de engañar. Eran del tipo de mujer dispuestas a escuchar a cualquier persona, aunque al mismo tiempo "nunca logran conocer la verdad". Eran como pequeñas naves, llevadas de acá para allá en la tormenta (Comp. Ef 4.14), incapaces de llegar a una convicción firme. En tal estado de confusión mental, la gente escucha a cualquier maestro, no importa de qué especie sea. No era el amor a la verdad lo que las impulsaba a aprender, sino el mero antojo de oír una novedad. Tales mujeres, débiles en carácter y en intelecto, eran fácil presa para mercaderes religiosos que van de puerta en puerta buscando a quien atrapar.

Como ejemplo de maestros espurios Pablo menciona a "Janes y Jambres", los nombres (siguiendo la tradición judaica) de los dos magos principales de la corte de Faraón. No se mencionan en el texto del Antiguo Testamento, si bien uno de los *Targums* (paráfrasis en arameo o caldeo de las Escrituras hebreas) inserta sus nombres en Éxodo 7.11 donde leemos: "Pero el faraón llamó a los sabios y hechiceros y, mediante sus artes secretas, también los magos egipcios hicieron lo mismo (milagros)".

La implicancia de lo que Pablo escribe aquí es de extrema importancia, si bien no aparece en la superficie. Él traza un paralelo histórico entre Janes y Jambres, que habían resistido a Moisés siglos atrás, con "estos" hombres (los falsos maestros de su tiempo), quienes también se oponen a la verdad. Janes y Jambres eran hechiceros, mientras que los falsos maestros eran impostores y engañadores (v. 13). Quizá ellos también practicaban alguna clase de magia, pues cuando los efesios que "practicaban la hechicería" se convirtieron "juntaron sus libros en un montón y los quemaron delante de todos" (Hch 19.18, 19). Sin embargo, lo que resalta de esta analogía no es simplemente la semejanza que existía entre los hechiceros de Asia Menor y los egipcios, sino que por medio de ella ¡Pablo se compara a sí mismo con Moisés! Moisés fue el personaje más importante del Antiguo Testamento. Se nos dice que no hubo profeta como él en Israel, ya sea en su conocimiento de Dios ("con quien el Señor tenía trato directo"), o en las señales y prodigios que hizo para autenticar la revelación de Dios (Dt 34.10, 11). "Toma en cuenta", le había dicho el Señor, "te pongo por Dios ante el faraón… tu obligación es decir todo lo que yo te ordene que digas" (Éx 7.1, 2). Así, por cuarenta años Moisés habló la palabra de Dios y entregó la ley de Dios al pueblo.

Ahora Pablo asume la osadía de igualarse a Moisés, porque de la manera en que Janes y Jambres resistieron a Moisés, así también los falsos maestros de Asia se oponían a la verdad. ¿Qué verdad? La verdad enseñada por Pablo y confiada por él mismo a Timoteo (1.14); la fe apostólica, el depósito sagrado que Timoteo debía guardar y transmitir. De esta manera, el apóstol Pablo se coloca en un mismo nivel con Moisés, como uno que también enseñó la verdad de Dios. Moisés enseñó la ley; Pablo predicó el evangelio. Pero ya sea la ley o el evangelio, la enseñanza de Moisés el profeta o de Pablo el apóstol, era la verdad de Dios que los hombres resistían y rechazaban.

Así Pablo los denuncia como "personas de mente depravada" a pesar de sus atribuciones de *gnosis* (conocimiento), y "reprobadas en la fe" (*adokimoi*, probados y hallados en falta). Además, manifiesta su confianza de que tales hombres "no llegarán muy lejos", sino que "irán de mal en peor" (v. 13). Sus falsas enseñanzas también podrán difundirse por un tiempo y, dice Pablo, "se extienden como gangrena" (2.17), pero su éxito será limitado y transitorio. ¿Cómo podía Pablo estar seguro de esto? Precisamente porque su insensatez será manifiesta a todos como también lo fue (o 'vino a ser', *egeneto*, verbo aoristo) la de aquellos dos hombres Janes y Jambres.

A veces en nuestros días nos turbamos, atendible y justificadamente, por los falsos maestros que resisten la verdad y acosan a la iglesia, especialmente con los métodos astutos y engañosos de los mercaderes religiosos. Pero no debemos temer aun cuando algunos débiles sean atrapados o la falsedad se ponga de moda. Hay algo en la herejía que se hace patente y espurio, así como se percibe claramente lo verdadero en la verdad. El error se puede difundir y llegar a ser popular por un tiempo, pero "no llegará muy lejos". Con el tiempo quedará claramente expuesto y la verdad será reivindicada, como lo demuestra la historia de la iglesia. A lo largo de la historia han surgido numerosas herejías y parecía que algunas de ellas iban a triunfar, pero hoy son apenas antigüedades de poco interés. Dios ha preservado su verdad en la iglesia.

Habiendo llegado al final del primer párrafo del capítulo 3, deberá quedar claro ante nuestros ojos en qué consisten y cómo se manifiestan estos períodos peligrosos que aparecen periódicamente en "los últimos días" en que vivimos. Ocurren porque donde Dios ha sembrado trigo el diablo también ha sembrado cizaña (Comp. la parábola de Jesús relatada en Mt 13.24–30, 36–43). Cambiando de imagen podemos decir que el diablo tiene su "quinta columna", sus agentes secretos dentro de la misma iglesia. En efecto, en medio de la sociedad visible de los creyentes profesantes existen hombres de carácter y conducta inmoral, de una religión meramente exterior, de mente corrupta y fe falsa. Son amadores de sí mismos, del dinero y el placer más que de Dios y sus semejantes. Retienen una forma de religión, pero niegan su poder. Se oponen a la verdad y procuran ganar a los débiles para que sigan en sus perniciosos errores. Son perversos moralmente, religiosamente e intelectualmente, y constituyen una descripción muy precisa de lo que hoy se denomina la "sociedad permisiva", que generalmente tolera toda desviación de las normas cristianas de justicia y verdad que se puedan concebir, y cuya naturaleza se ha infiltrado en la iglesia.

Timoteo no debe contagiarse de esta infección ni ser arrastrado por la corriente, sino, por el contrario, debe oponerse osadamente a la "moda" imperante.

3. Manteniéndose firme en la fe | vv. 10–15

3. 10-15 Tú, en cambio, has seguido paso a paso mis enseñanzas, mi manera de vivir, mi propósito, mi fe, mi paciencia, mi amor,

mi constancia, mis persecuciones y mis sufrimientos. Estás enterado de lo que sufrí en Antioquía, Iconio y Listra, y de las persecuciones que soporté. Y de todas ellas me libró el Señor. Así mismo serán perseguidos todos los que quieran llevar una vida piadosa en Cristo Jesús, mientras que esos malvados embaucadores irán de mal en peor, engañando y siendo engañados. Pero tú, permanece firme en lo que has aprendido y de lo cual estás convencido, pues sabes de quiénes lo aprendiste. Desde tu niñez conoces las Sagradas Escrituras, que pueden darte la sabiduría necesaria para la salvación mediante la fe en Cristo Jesús.

En este párrafo Pablo se dirige dos veces a Timoteo con los dos monosílabos griegos *su de*. Aparecen al principio de los versículos 10 y 14 (al igual que el *su oun* del 2.1) y se traducen: "Tú, en cambio [...]". En abierto contraste con la declinación contemporánea de la moral, el despliegue de religión vacía y la difusión de falsa enseñanza, Timoteo es llamado a ser diferente y, si es necesario, a hacerlo solo.

Todo creyente es llamado a ser distinto al mundo. "No se amolden al mundo actual" es la directiva de Pablo en Romanos 12.2. La traducción parafraseada de J. B. Phillips dice: "No permitas que el mundo te conforme a su propio molde". Sin duda, las presiones que nos rodean para conformarnos al mundo son colosales, no sólo a través del desafío a la fe y la moral tradicionales, sino también por el ambiente insidioso y persuasivo del secularismo que se infiltra en la iglesia. A menudo muchos ceden sin darse cuenta de lo que están haciendo, pero la Palabra de Dios nos amonesta vez tras vez a permanecer firmes. No debemos ser como un junco movido por el viento, que se somete sin resistencia, sin importar la dirección de la cual este sople, sino, por el contrario, como una roca en medio del torrente de montaña, debemos permanecer firmes.

Se podría proponer la siguiente paráfrasis de la doble exhortación del apóstol a Timoteo en los versos 10 a 14: "Tú, en cambio, has seguido paso a paso mis enseñanzas, mi manera de vivir, mi propósito, mi fe, mi paciencia, mi amor, mi constancia, mis persecuciones y mis sufrimientos... Los malvados embaucadores irán de mal en peor. Parece un avance, pero no lo es. Pero tú no debes alejarte de mis enseñanzas; permanece firme en lo que has aprendido y de lo cual estás convencido, pues sabes de quién lo has aprendido […]".

Pablo le recuerda a Timoteo lo que él ha estado haciendo hasta ahora: "has seguido paso a paso mis enseñanzas" (10). Luego lo exhorta a continuar en el mismo sendero: "permanece firme en lo que has aprendido" (14). De manera que los versos 10 a 13 describen la lealtad pasada de Timoteo hacia el apóstol, y los versos 14 a 17 lo alientan a permanecer fiel en el futuro. Los dos verbos principales resumen la esencia del párrafo: "has seguido paso a paso mis enseñanzas" (10), "permanece firme" (14).

a. El pasado | vv. 10–13

La posición de Timoteo se explica en términos de "seguir" a Pablo. El verbo *parakolouteo* puede utilizarse literalmente con relación a seguir a una persona mientras se dirige a un lugar, seguir sus pisadas, pero no se usa con este sentido en el Nuevo Testamento. Su uso figurado se aplica a un seguimiento intelectual, tal como cuando le decimos a una persona que nos está explicando algo que "seguimos su razonamiento", o a un verdadero compromiso de la mente y la vida como cuando decimos de alguien que "es seguidor de fulano". Arndt y Gingrich definen estos significados como "seguir con la mente, entender, apropiar" y "seguir fielmente, seguir como regla". Lucas utiliza el verbo más bien en el sentido dado en primer lugar cuando le escribe a Teófilo acerca de sus diligentes investigaciones históricas. Dice en el capítulo 1.3 que ha investigado o seguido (*parakoloutekoti*) todas las cosas desde su fuente de origen. Pero en sus cartas a Timoteo, Pablo parece utilizar el verbo en el sentido más comprometido. En su primera carta urge a Timoteo a nutrirse "de la buena enseñanza que paso a paso has seguido", vale decir, abrazado (4.6), y seguramente el verbo tiene el mismo significado aquí en su segunda carta. Pablo le está recordando que había aprendido y se había persuadido de su doctrina y conducta no como un estudiante imparcial o un observador independiente, sino como uno que había llegado a ser discípulo dedicado del apóstol. Sin duda, había comenzado por aprender el significado de las enseñanzas de Pablo, pero luego siguió más adelante apropiándose de ellas, creyéndolas, absorbiéndolas y viviendo de acuerdo con ellas. De la misma manera, había comenzado por solamente observar la forma de vivir del apóstol, pero con el tiempo la imitó.

Pablo, sabiendo en sí mismo que como apóstol estaba siguiendo a Cristo, no se frenaba en invitar a otros a que lo siguieran a él. "Imítenme a mí", escribía, "como yo imito a Cristo" (1Co 11.1, Comp. 1Ts 1.6). Incluso llegó a constituirse como norma por medio de la cual la verdad podía ser distinguida de lo falso. "Hermanos, sigan todos mi ejemplo, y fíjense en los que se comportan conforme al modelo que les hemos dado" (Fil 3.17). De manera que en creencia y en práctica, en "enseñanzas" y en "manera de vivir" (10), Timoteo llegó a ser un fiel seguidor de Pablo.

El contraste con el primer párrafo de este capítulo es obvio. Las personas ahí presentadas seguían sus propias inclinaciones (eran amadores de sí mismas, del dinero y los placeres) y sus patéticos conversos habían sido arrastrados por sus propios impulsos. Timoteo, por el contrario, había seguido una norma totalmente distinta: la enseñanza y el ejemplo de Pablo, el apóstol de Cristo. Pablo procede entonces a enumerar las características de su vida en contraste con las de los amadores de sí mismos que había señalado en los versos 2 a 5. Las palabras con más énfasis son los pronombres personales y los adjetivos posesivos, que proyectan claramente el contraste: ellos serán y harán esto o aquello… "tú, en cambio" Timoteo, tú (en contraste con ellos) "has seguido paso a paso mis enseñanzas, mi manera de vivir, etcétera".

¿Por qué nos ofrece Pablo, en los versos 10 y 11, este catálogo de virtudes y sufrimientos? ¿No parecería falta de modestia o aun presunción que el apóstol hable de sí mismo de esta manera? Quizá sea aceptable que mencione sus "enseñanzas", pero ¿por qué hace alarde de su fe y amor, propósito y conducta, sufrimientos y padecimientos? ¿No parece estar fuera de lugar todo esto?

De ninguna manera. Pablo no se está gloriando a sí mismo, sino que tiene motivos fundados para atraer la atención a su persona sin caer en exhibicionismo. Menciona su doctrina primero, luego procede a ofrecer dos evidencias objetivas que autentican lo genuino de su enseñanza: la clase de vida que vivió y los sufrimientos que padeció. Ciertamente estas son buenas (aunque no infalibles) evidencias generales de la sinceridad de una persona, y más aun de la verdad o falsedad de su sistema. ¿Está convencido de lo que predica de manera tal que lo practica y está dispuesto a sufrir por ello? ¿Sus creencias lo han transformado en un hombre mejor, aun frente a la oposición? Pablo podía contestar ambas preguntas afirmativamente. Los falsos maestros vivían vidas indulgentes, y sería ilógico esperar que estuvieran dispuestos a sufrir por sus creencias. Eran demasiado blandos y complacientes para llegar a esto. El apóstol, por el contrario, vivía una vida de justicia consecuente, de dominio propio, de fe y amor, y permaneció fiel a sus principios ante duras y diversas persecuciones.

Analicemos primero su conducta. Timoteo había observado y procurado imitar la conducta de Pablo (*agoge*, su comportamiento y forma de ser), su propósito (ambiciones espirituales que lo motivaban y que le daban sentido a su vida), su fe (que quizá también en este caso incluye fidelidad), su longanimidad (*makrotymia*, tolerancia hacia sus ofensores y personas difíciles de soportar), su amor (hacia Dios y los hombres, en contraste con el amor a sí mismos, al dinero y a los placeres de los falsos maestros) y su paciencia (*hypomone*, el sufrir pacientemente circunstancias adversas, haciendo distinción con *makrotymia* que significa soportar con paciencia a personas difíciles). Dado que en el Nuevo Testamento *hypomone* (paciencia) es habitualmente el resultado de nuestra "esperanza", nuestra espera del regreso del Señor y la gloria que le ha de seguir, podemos detectar dentro de esta lista otro ejemplo más del trío favorito de Pablo: fe, esperanza y amor (Comp. 1Co 13.13; Col 1.4, 5; 1Ts 1.3; 2Ts 1.3, 4; He 10.22–24).

La referencia a la paciencia conduce en forma natural a las "persecuciones y padecimientos" que Pablo tuvo que sufrir. Menciona en particular tres ciudades de Galacia: Antioquía, Iconio y Listra, porque Timoteo era ciudadano de Listra y posiblemente haya sido testigo de aquella ocasión en que el apóstol fue apedreado por una turba hostil, arrastrado fuera de la ciudad y abandonado porque pensaban que estaba muerto, aunque de esta y otras persecuciones el Señor lo había librado hasta la fecha. Quizá la valentía de Pablo durante esta persecución tuvo alguna influencia en la conversión de Timoteo, así como el valor de Esteban en su propio martirio influyó en la conversión de Pablo. De cualquier forma, Timoteo estaba al tanto de las persecuciones de Pablo, primero porque las observó y luego porque descubrió que él debería participar de ellas, ya que no podía estar comprometido con la enseñanza y conducta de Pablo sin estar involucrado también en sus sufrimientos. (Ver Hch 13.14–14.23).

En el verso 12 Pablo aclara que su experiencia en tal sentido no es la única. Él procuró "llevar una vida piadosa en Cristo Jesús", amando y sirviendo a Dios antes que a sí mismo, y como resultado tuvo que sufrir. Timoteo tuvo la misma experiencia, pues todos los creyentes "en Cristo Jesús" (los que están unidos a él) "serán perseguidos todos los que quieran llevar una vida piadosa". Así lo fue para Cristo y así lo anticipó para nosotros. "Si el mundo los aborrece, tengan presente que antes que a ustedes, me aborreció a mí. Si fueran del mundo, el mundo los querría como a los suyos. Pero ustedes no son del mundo, sino que yo los he escogido de entre el mundo. Por eso el mundo los aborrece. Recuerden lo que les dije: "Ningún siervo es más que su amo". Si a mí me han perseguido, también a ustedes los perseguirán" (Jn 15.18–20, Comp. 16.33). Es importante notar las circunstancias en que Cristo les dijo a sus seguidores que esperaran persecución. Por una parte, les indicó que estarían en el mundo (viviendo entre gente impía) y por otra, que no serían "del mundo" (porque estarían viviendo una vida piadosa en Cristo). Aquellos que están en Cristo, pero se aíslan del mundo no son perseguidos, porque no entran en contacto y, por ende, en colisión con sus potenciales perseguidores. Aquellos que están en el mundo y no son de Cristo tampoco son perseguidos, porque el mundo no encuentra nada en ellos que cause la persecución. Los primeros escapan de la persecución retrayéndose del mundo; los otros, por asimilarse al mundo. La persecución se torna inevitable sólo para aquellos que están simultáneamente en Cristo y en el mundo. Tal como lo comenta Calvino: "Es vano procurar separar a Cristo de su cruz […]".

Lo inevitable de la persecución se explica todavía más en el verso 13 por la persistente actividad de los falsos maestros. Pablo es bien cortante acerca de ellos, llamándolos "malvados embaucadores" y "engañadores" o impostores. La última palabra (*goes*) significa "hechicero, juglar", y en la literatura cristiana de los primeros tiempos se usaba para describir a un estafador o tramposo. El apóstol no les acredita la sinceridad, sino que los califica de "charlatanes". Tales hombres "irán de mal en peor". El verbo "ir" (*prokopto*) significa "ir hacia adelante, progresar", pero en esta ocasión Pablo lo utiliza irónicamente, pues el único avance que logran es regresivo y no progresivo, "de mal en peor". Aparentemente, no se refiere a su éxito como maestros, pues ya ha dicho que "no llegarán muy lejos" (9), sino a su deterioro personal, tanto moral como intelectual. Viven "engañando y siendo engañados".

Alfredo Plummer lo expone de la siguiente manera: "Comienzan por ser seductores y terminan siendo embaucados y, con mucha frecuencia por sus propios engaños, pues el engaño generalmente conduce al autoengaño".

b. El futuro | vv. 14, 15

Hasta ahora Pablo se ha estado describiendo a sí mismo con referencia a Timoteo, quien lo ha tomado como su guía. Timoteo se destaca notablemente del trasfondo de la gente mala y de los falsos maestros, pues ha seguido cuidadosamente a Pablo y ha modelado su vida con base en sus enseñanzas. Además, ha procedido con acierto, pues la enseñanza de Pablo ha sido ampliamente confirmada por su vida piadosa y por las muchas persecuciones que padeció con valentía. Ahora, por segunda vez, Pablo comienza una frase con los monosílabos griegos *su de*, "Pero tú", distinguiendo a Timoteo de los malos e impostores recién descritos.

Previamente había contrastado sus malas inclinaciones con el fiel seguimiento de Timoteo de la doctrina y el ejemplo apostólico. Ahora traza otro contraste: ellos se "irán" (aunque hemos visto el extraño tipo de progreso involucrado), mientras que a Timoteo se le recomienda continuar o permanecer en lo que ha aprendido y creído.

Esta exhortación se lee con frecuencia en las páginas del Nuevo Testamento, y es particularmente efectuada cada vez que surgen "innovadores" en la iglesia, "radicales" que reclaman ser progresistas y que repudian todo lo que tiene sabor a tradicional. Quizá el consejo de Pablo nunca ha sido tan necesario como en nuestros días, cuando los seres humanos se jactan de inventar "un nuevo cristianismo" con una "nueva teología" y una "nueva modalidad", todo lo cual conduce a una "nueva reforma". Ciertamente, la iglesia de cada generación debe esforzarse por traducir su fe al idioma contemporáneo, relacionando la Palabra inmutable con el mundo cambiante. Pero una traducción es la presentación de un mismo mensaje en otro idioma, y no una nueva composición. Sin embargo, eso es lo que algunos radicales están haciendo, proponiendo conceptos de Dios y de Cristo que Jesús y sus apóstoles no habrían aceptado. En tales circunstancias quizá podríamos utilizar las mismas palabras del Señor, y excusarnos: "nadie que haya bebido vino añejo, quiere el nuevo, porque dice: 'El añejo es mejor'" (Lc 5.39). Los mismos apóstoles advertían constantemente a sus lectores sobre las ideas estrafalarias, llamándolos a volver al mensaje apostólico original. Juan declara que "todo el que se descarría y no permanece en la enseñanza de Cristo, no tiene a Dios", y exhorta a su grey: "Permanezca en ustedes lo que han oído desde el principio", pues de esta forma permanecerán "en el Hijo y en el Padre" (2Jn 9; 1Jn 2.24). De igual manera, Pablo le aconseja a Timoteo permanecer en lo que ha aprendido. En cada uno de estos versículos el verbo griego es el mismo. Timoteo había aprendido cosas y ahora estaba persuadido de estas y, por lo tanto, debía continuar en ellas con firmeza y no permitir que nadie lo moviera de su base.

A continuación, el apóstol agrega dos razones. Su clara exhortación a Timoteo a permanecer, a cultivar la estabilidad en las verdades que ha aprendido, descansa en dos sencillos argumentos que ahora despliega en los versos 14b y 15. Timoteo debe persistir en lo que ha aprendido porque sabe de quién lo ha aprendido. La enseñanza estaba garantizada por el maestro. ¿Quién era el maestro? Los manuscritos griegos ofrecen dos posibles lecturas, una en singular y otra en plural. La más probable es la plural (*para tinon*), en cuyo caso los maestros incluían a su abuela Loida y a su madre Eunice (quienes en verdad le habían enseñado desde su niñez; ver 1.5; 3.15), como así también al apóstol Pablo. Los comentaristas que analizan la evidencia de los manuscritos no van más allá de expresar que la opción del plural es "quizá preferida" o "probablemente correcta". Están de acuerdo en que la alternativa del singular *para tinos* también tiene asidero, y por tanto en este caso se refiere sólo al apóstol Pablo. A pesar de que la evidencia externa para esta interpretación es ligeramente más débil, a mi entender la evidencia interna la favorece más fuertemente. Vale decir, en el contexto inmediato Pablo ha estado poniendo el énfasis sobre el hecho de que Timoteo ha seguido de cerca su enseñanza (10). Se ha enfatizado que la instrucción apostólica de Pablo era el modelo de Timoteo por medio de las preposiciones enfáticas *mí* y *me* utilizadas en los versos 10 y 11.

El contexto más amplio de toda la carta señala en la misma dirección. En los dos primeros capítulos Pablo le ruega a Timoteo: "sigue el ejemplo de la sana doctrina que de mí aprendiste" (1.13) y luego le pide que confíe a otros hombres fieles "lo que me has oído decir" (2.2). Parece, por lo tanto, probable que la frase "sabes de quiénes lo aprendiste" en el 3.14 también se relaciona con lo que Timoteo ha oído de Pablo. Por otra parte, el apóstol parece estar dando dos razones para la lealtad de Timoteo, y es probable que éstas sean distintas y no se refieran ambas a la instrucción en las Escrituras recibida en su niñez.

En este caso, la primera base para la confianza de Timoteo y la primera razón por la cual debe continuar en lo que ha aprendido es que lo aprendió de Pablo. Él conoce a este Pablo que le ha enseñado, pues no sólo lo había guiado a Cristo (1.2) y le impuso sus manos al ser encomendado a la obra (1.6), sino que también es un "apóstol de Cristo Jesús por la voluntad de Dios" (1.1), a quien Cristo había confiado el depósito del evangelio (1.11, 12); se había comparado con Moisés en su enseñanza y verdad (3.8); Timoteo había seguido lealmente su doctrina y su ejemplo hasta ahora, y había confirmado su enseñanza con una vida consecuente y fortaleza en las persecuciones. Timoteo tenía confianza en Pablo y su autoridad docente y nosotros también podemos compartirla. El evangelio de Pablo es autenticado todavía hoy por su autoridad apostólica.

Timoteo no sólo había aprendido el evangelio de Pablo y conocido su autoridad. Desde la niñez había sido instruido en las Escrituras del Antiguo Testamento por su madre y su abuela; por lo tanto, estaba muy familiarizado con ellas. Creía que eran divinamente inspiradas, como Pablo afirma. Así, pues, la segunda razón por la cual debe persistir en lo que ha aprendido de Pablo es la armonía que existe entre sus enseñanzas y las de las mismas Escrituras. Ésta era una afirmación constante de Pablo. Al comparecer ante el rey Agripa, afirmó que estaba enseñando: "no he dicho sino lo que los profetas y Moisés ya dijeron que sucedería: que el Cristo padecería y que, siendo el primero en resucitar, proclamaría la luz a su propio pueblo y a los gentiles" (Hch 26.22, 23). De igual manera, al comienzo de su carta a los Romanos había presentado el evangelio de Dios para el cual él había sido apartado, como lo que Dios "por medio de sus profetas ya había prometido en las sagradas Escrituras" (Ro 1.2, Comp. 3.21).

Por tanto, las dos razones por las cuales Timoteo debía permanecer leal a lo que había aprendido y creído son que lo había aprendido del Antiguo Testamento y del apóstol Pablo, y que estas dos bases mantienen su vigencia. El evangelio que creemos es el evangelio bíblico, el mensaje del Antiguo y del Nuevo Testamento, atestiguados tanto por los profetas de Dios como por los apóstoles de Cristo. Nosotros también, en vista de esta doble autenticación, debemos comprometernos a atender a la exhortación hecha por Pablo a Timoteo, y permanecer en lo que hemos aprendido.

4. El origen y propósito de Las Escrituras | vv. 15b–17

3.15b–17 … las Sagradas Escrituras, que pueden darte la sabiduría necesaria para la salvación mediante la fe en Cristo Jesús. Toda la Escritura es inspirada por Dios y útil para enseñar, para reprender, para corregir y para instruir en la justicia, a fin de que el siervo de Dios esté enteramente capacitado para toda buena obra.

Aquí se afirman dos verdades fundamentales en cuanto a las Escrituras. La primera se relaciona con su origen (de dónde provienen) y la segunda con su propósito (el fin perseguido).

En primer lugar: "Toda la Escritura es inspirada por Dios", es decir, contiene el aliento divino. Algunos eruditos han traducido las primeras palabras del verso 16: "Toda Escritura inspirada es útil", pero tal traducción impondría una doble limitación a las Escrituras. Sugeriría, por una parte, que no toda la Escritura es inspirada, y que, por lo tanto, no toda la Escritura es provechosa, sino sólo aquellas partes que son inspiradas. Dado que la frase en griego no tiene un verbo principal, es perfectamente legítimo, hablando gramaticalmente, incluir el verbo "ser" después del adjetivo "inspirada" y no antes, traduciendo entonces: "toda Escritura inspirada por Dios es útil". Pero el argumento contra esta construcción gramatical es que no hace justicia a la conjunción copulativa *kai* "y", que aparece entre los dos adjetivos "inspirada por Dios" y "útil". La conjunción *kai* sugiere que Pablo está asentando dos verdades respecto a las Escrituras y no solamente una: que es inspirada y que es útil. Por esta razón debemos leer la frase así: "Toda la Escritura es inspirada por Dios, y útil […]".

¿Qué quiere expresar Pablo por "Toda la Escritura"? En mi opinión es muy posible que por medio de esta frase esté incluyendo las dos fuentes de conocimiento de Timoteo recién mencionadas, o sea, "lo que has aprendido" (de mí) y "las Sagradas Escrituras". Si bien es cierto que en ningún lugar el apóstol denomina a sus cartas en forma explícita como "Escritura", en varios pasajes se acerca mucho a ello, y sin lugar a dudas recomienda que sus cartas sean leídas públicamente en las asambleas cristianas, seguramente junto con las lecturas del Antiguo Testamento (ver Col 4.16; 1Ts 5.27). En varias oportunidades afirma que habla en el nombre y con la autoridad de Cristo (2Co 2.17; 13.3; Gá 4.14) y llama a su mensaje "la palabra de Dios" (1Ts 2.13). Habiendo dicho esto, al comunicar a otros lo que Dios le ha revelado utiliza "no con las palabras que enseña la sabiduría humana sino con las que enseña el Espíritu" (1Co 2.13). Esto es declarar su inspiración, más aún, inspiración verbal, que es la característica distintiva de las Escrituras. Pedro se refirió con claridad a las cartas de Pablo llamándolas "Escrituras", pues al mencionarlas habla del Antiguo Testamento como "las demás Escrituras" (2P 3.16). Además, parece evidente que Pablo contemplaba la posibilidad de un suplemento cristiano del Antiguo Testamento, pues combinaba una cita de Deuteronomio (25.4) con un dicho de Jesús registrado por Lucas (10.7), y a las dos las llama igualmente "Escrituras" (1Ti 5.18).

En su definición de Escrituras, "Toda la Escritura" significa que es "inspirada por Dios". La palabra griega *teopneustos* se traduciría literalmente "Dios-alentada" o "Dios-soplada", e indica que ni la Escritura en sí misma ni los autores humanos fueron inspirados (movidos por el aliento de Dios), sino que la Escritura fue alentada o "soplada" por Dios. Sin duda, inspiración es un término conveniente para ser utilizado, pero "spirado" o aun "espirado" comunicarían el sentido del adjetivo griego más exactamente. La Escritura no debe ser considerada como ya existente cuando vino el aliento de Dios sobre ella, sino que comenzó a existir por el aliento del Espíritu de Dios. Ésta no es una teoría o explicación de la inspiración, pues no hay referencia a los autores humanos, quienes (afirma Pedro) "hablaron de parte de Dios, impulsados por el Espíritu Santo" (2P 1.21). No obstante, de varios pasajes surge que la inspiración, cualquiera que fuera el proceso, no anulaba la individualidad o la cooperación activa de los escritores humanos. Lo único que se establece en este pasaje es el hecho de la inspiración, es decir, que toda la Escritura es alentada por Dios. Se originó en la mente de Dios y fue comunicada por la boca de Dios, por el aliento o Espíritu de Dios. Como afirmaban los profetas: "la boca de Jehová lo ha dicho".

En segundo lugar, Pablo explica el propósito de la Escritura: "es útil", y lo es precisamente porque es inspirada por Dios. Sólo su origen divino asegura y aplica su provecho para el ser humano. Para demostrar lo que esto significa, Pablo utiliza dos expresiones. La primera está en el verso 15: "las Sagradas Escrituras, que pueden darte la sabiduría necesaria para la salvación". La Biblia es en esencia un manual sobre la salvación. Su propósito global no es enseñar hechos de la ciencia que los seres humanos pueden descubrir por su propia investigación empírica, sino hechos acerca de la salvación que ninguna exploración científica puede descubrir, que sólo Dios puede revelar. La Biblia entera despliega el esquema divino de salvación: la creación del ser humano a la imagen de Dios; su caída en pecado por desobediencia y, por ende, bajo condenación; el amor continuo de Dios por él a pesar de su rebelión; el plan eterno de Dios para salvarlo por medio de su pacto de gracia con un pueblo elegido, culminando en Cristo; la venida de Cristo como el Salvador, quien murió para llevar los pecados de la humanidad, resucitó de los muertos, fue exaltado a los cielos, y envió el Espíritu Santo; el rescate del ser humano primero de su estado de culpa y separación, luego de la esclavitud, y finalmente de la mortalidad en su experiencia progresiva de la libertad de los hijos e hijas de Dios. Nada de esto sería conocido si no fuera por la revelación bíblica. "La Escritura contiene la regla perfecta para una vida buena y feliz" (Calvino).

En forma particular, la Biblia instruye en salvación "mediante la fe en Cristo Jesús". Por tanto, siendo la Biblia un libro sobre salvación, y dado que la salvación es por medio de Cristo, la Biblia enfoca su atención sobre Cristo. El Antiguo Testamento predice y tipifica a Cristo en muchas y variadas maneras; los evangelios relatan la historia de su nacimiento y su vida en esta tierra, sus palabras y sus obras, su muerte y resurrección; el libro de Hechos describe lo que continuó haciendo y enseñando a través de sus apóstoles, especialmente en la propagación del evangelio y en el establecimiento de la iglesia desde Jerusalén hasta Roma; las cartas despliegan la gloria completa de su persona y de su obra, y la aplican a la vida del cristiano y de la iglesia; mientras que el Apocalipsis describe a Cristo compartiendo el trono de Dios ahora, y viniendo en breve para consumar la salvación y el juicio. El cuadro completo de Cristo es ofrecido para despertar nuestra fe en él, a fin de que por fe podamos ser salvos.

Pablo procede ahora diciendo que el provecho o la utilidad de las Escrituras está en relación con el credo y la conducta (16b, 17). Los falsos maestros los divorciaban, nosotros debemos unirlos. En cuanto al credo, la Escritura es provechosa para enseñar la verdad y corregir el error. En cuanto a la conducta, es provechosa "para reprender, para corregir y para instruir en la justicia". En cada par, los aspectos negativos y sus contrapartes positivas están combinados. ¿Anhelamos, ya sea en nuestra propia vida o en nuestro ministerio de enseñanza, superar el error y crecer en la verdad, vencer el mal, y crecer en santidad? Entonces debemos recurrir a las Escrituras, pues ellas son provechosas precisamente para esto.

Realmente, la Escritura es el medio principal que Dios emplea para conducir al "siervo de Dios" a la madurez. No se nos explica a quién se refiere con la expresión "el siervo de Dios". Puede ser un término general para todo creyente, dado que las palabras en sí significan "el hombre que pertenece a Dios". Por otra parte, la frase era un título del Antiguo Testamento aplicado a algunos de los interlocutores de Dios: Moisés (Dt 33.1), David (2Cr 8.14), Elías (1R 17.18); Pablo utiliza la frase hablando específicamente de Timoteo en su primera carta a este siervo (6.11). Puede entonces referirse aquí a personas llamadas a posiciones de responsabilidad en la iglesia, y especialmente a aquellas cuya labor es, bajo la autoridad de las Escrituras, enseñar, refutar, reformar, y disciplinar. De cualquier manera, es sólo a través de un estudio diligente de las Escrituras que el siervo de Dios puede llegar a estar "enteramente capacitado para toda buena obra".

Echando una mirada retrospectiva al capítulo podemos apreciar la importancia de su mensaje para nuestra sociedad pluralista y permisiva. Los tiempos peligrosos en que estamos viviendo son muy angustiosos. A veces, ante sus ridículas opiniones y bajeza en el nivel de vida, uno se pregunta si el mundo y la iglesia se han vuelto locos. Algunos cristianos son arrastrados de sus bases por la corriente del pecado y el error. Otros se esconden, como si esa fuera la mejor alternativa para subsistir, pero ninguna de estas actitudes es el camino cristiano. "Pero… tú", nos dice Pablo como le dijo a Timoteo, "permanece firme". Y continúa su recomendación por esa línea: No importa si la presión para conformarte al mundo es fuerte.

No importa si eres joven, tímido y débil. No importa si te encuentras solo en tu testimonio. Hasta ahora has seguido mis enseñanzas; continúa con lo que has creído. Conoces las credenciales bíblicas de tu fe. La Escritura es alentada por Dios y provechosa. Aun en medio de estos tiempos difíciles en que la gente mala e impostora va de mal en peor, Dios te puede hacer una persona completa y equiparte adecuadamente para tu trabajo. ¡Permite que la Palabra de Dios te transforme en un siervo o sierva de Dios! Permanece leal a ella y te guiará hacia la madurez cristiana.

IV

El encargo
de predicar el evangelio

Este capítulo contiene algunas de las últimas palabras habladas o escritas por el apóstol Pablo. Sin duda, son las últimas registradas. Está escribiendo semanas o quizá días antes de su martirio. Según una tradición de cierta confiabilidad, fue decapitado en la vía Ostia. Durante treinta años aproximadamente había trabajado sin interrupciones como apóstol y evangelista itinerante. Tal como él mismo dijo, había peleado la buena batalla, acabado la carrera, guardado la fe (7). Ahora aguardaba su recompensa, "la corona de justicia" que le estaba preparada en el cielo (8), de manera que estas palabras son el legado de Pablo a la iglesia. Transmiten una atmósfera de gran solemnidad y es imposible leerlas sin sentirse profundamente conmovido.

La primera parte del capítulo toma la forma de un impresionante desafío. Comienza con "En presencia de Dios…te doy este solemne encargo". El verbo *diamartyromai* tiene una connotación legal y puede significar "testificar bajo juramento" en una corte legal o juramentar a un testigo. Se utiliza en el Nuevo Testamento en el sentido de una afirmación solemne y enfática. El desafío de Pablo se dirige en primera instancia a Timoteo, su delegado apostólico y representante en Éfeso. Pero es también aplicable en un sentido secundario a toda persona llamada a un ministerio pastoral o de evangelización, y por extensión a todos los cristianos.

Hay tres aspectos del desafío que merecen ser estudiados: su naturaleza (lo que Pablo le está encomendando a Timoteo), su base (los argumentos sobre los cuales Pablo fundamenta su encargo) y una ilustración personal tomada de un ejemplo propio de Pablo en Roma.

1. La naturaleza del encargo | v. 2

> [4.2] **Predica la Palabra; persiste en hacerlo, sea o no sea oportuno; corrige, reprende y anima con mucha paciencia, sin dejar de enseñar.**

Omitiendo por el momento el versículo 1, la esencia del encargo se encuentra en la frase "Predica la Palabra". Observamos de inmediato que el mensaje que Timoteo debe comunicar se denomina "Palabra", o sea, una expresión hablada. Más bien es *la* palabra, la Palabra de Dios, la que Dios ha hablado. Pablo no tiene necesidad de aclarar el sentido, pues Timoteo sabrá de inmediato que se refiere al cuerpo de doctrina que había oído de Pablo y que ahora le había sido encomendado para que lo transmitiera a otros. Es idéntico al "depósito" (RVR 60) o "preciosa enseñanza" del capítulo 1, y en este capítulo es el equivalente de la "sana doctrina" (3), "la verdad" (4), y "la fe" (7). Consiste en las Escrituras del Antiguo Testamento, inspiradas por Dios (o alentadas por Dios) y provechosas, que Timoteo ha conocido desde su niñez, junto con la enseñanza del apóstol que Timoteo ha "seguido", "aprendido" y de la cual estaba convencido (3.10, 14). El mismo encargo le es impuesto a la iglesia de todos los tiempos. No tenemos libertad para inventar nuestro mensaje, sino sólo para comunicar la Palabra que Dios ha hablado y que ahora ha sido encomendada a la iglesia como un depósito sagrado.

Timoteo debe predicar esta Palabra; él mismo debe hablar lo que Dios ya ha hablado. Su responsabilidad no se limita a escucharla, creerla y obedecerla, ni siquiera se limita a guardarla de falsificaciones, a sufrir por ella y continuar en ella. Su deber es ahora, además, predicarla a otros. Es buena noticia de salvación para los pecadores y, por tanto, debe proclamarla como un heraldo en el mercado (*kerysso*, comparar con *keryx*, "heraldo", en 1.11). Debe levantar la voz sin temor y con osadía hacer conocer el mensaje. A continuación, Pablo procede a enumerar cuatro aspectos que deben caracterizar la proclamación de Timoteo.

a. Una proclamación urgente

El verbo *efistemi*, "instar", "ser urgente", significa, literalmente, "estar presente" y, por ende, "estar preparado o estar alistado". Pero en este caso aparentemente no sólo se refiere al sentido de estar alerta o despierto, sino también al de insistencia y urgencia. Una paráfrasis podría ser: "nunca pierdas el sentido de la urgencia". Ciertamente, de nada vale predicar en forma lacónica y sin convicción. Toda predicación verdadera debe transmitir un sentido de importancia y urgencia. El heraldo cristiano sabe que es responsable de un asunto de vida o muerte. Está anunciando el peligro que corre el pecador bajo el juicio de Dios, y también la obra salvadora de Dios por la muerte y la resurrección de Cristo, y el llamado al arrepentimiento y la fe. ¿Cómo podría tratar temas de tal importancia con fría indiferencia? Ricardo Baxter dijo: "Permite que las almas vean que estás seriamente involucrado en lo que haces… No puedes quebrantar los corazones de los hombres bromeando con ellos, contándoles cándidas historias o haciendo uso de una oratoria jocosa. Las personas no abandonarán sus placeres más caros ante un pedido somnoliento de alguien que no parece querer decir lo que dice, ni importarle si su llamado es ignorado o no".

Esta predicación urgente debe continuar en todo tiempo, "sea o no sea oportuno". Cabe aclarar que la recomendación no debe tomarse como un permiso para proceder en la forma insensible y desconsiderada que en ciertas oportunidades ha caracterizado a nuestro evangelismo y lo ha desprestigiado. No tenemos derecho a invadir sin respeto la vida privada de otros ni de entrometernos en sus asuntos íntimos. De ninguna manera. Las ocasiones que Pablo probablemente tiene en cuenta cuando dice que prediquemos en todo tiempo, "sea o no sea oportuno", no son tanto desde el punto de vista de los oyentes, sino del predicador. Una traducción más acertada podría ser: "permanece en actividad en todo tiempo, sea… conveniente o no". Esta posibilidad interpreta al verbo *efistemi* en su sentido alternativo y se encuentra en ciertas oportunidades en los papiros. Parece indicar, entonces, que lo que aquí se nos da no es una base bíblica para ser agresivos y desconsiderados, sino una apelación bíblica contra nuestra holgazanería o negligencia.

b. Una proclamación adecuada

Al heraldo que anuncia la palabra se le pide: "corrige, reprende y anima", lo cual sugiere tres formas distintas de hacerlo. La Palabra de Dios es "útil" para una variedad de ministerios, tal como Pablo ya lo ha declarado (3.16); habla a diferentes personas en distintas situaciones. El predicador debe recordar esto y ser hábil en su uso. Tiene que utilizar argumentos, represiones y aliento, que vienen a corresponder a tres ámbitos: el intelectual, el moral, y el emocional. Algunas personas viven atormentadas por las dudas y necesitan ser convencidas por argumentos; otras han caído en pecado y necesitan la represión, mientras que otras son acosadas por temores y necesitan ser animadas. La Palabra de Dios hace todo esto y mucho más. Nosotros debemos aplicarla en forma adecuada.

c. Una proclamación paciente

Si bien necesitamos un sentido de urgencia (anhelando que las personas respondan a la Palabra), precisamos hacerlo "con mucha paciencia". Nunca debemos recurrir a técnicas de presión humanas, ni forzar una decisión. Nuestra responsabilidad es ser fieles en la predicación de la Palabra; los resultados de la proclamación son responsabilidad del Espíritu Santo y debemos esperar pacientemente que él haga la obra. También es imprescindible ser pacientes en todo nuestro comportamiento, pues el siervo del Señor debe ser "…amable con todos… no propenso a irritarse. Así, humildemente, debe corregir los adversarios […]" (2.24, 25). Ni la solemnidad de nuestra comisión ni la urgencia de nuestro mensaje son un justificativo para proceder de manera brusca o impaciente.

d. Una proclamación inteligente

No sólo hemos de predicar la Palabra, sino también enseñarla o, mejor dicho, predicarla "con paciencia y buena enseñanza" (NTV) (*keryxon… en pase… didaque*). C. H. Dodd nos ha familiarizado con su distinción entre las palabras *kerygma* y *didaqué*, siendo la primera la proclamación del evangelio a los incrédulos con un llamado al arrepentimiento, y la segunda la instrucción ética a los convertidos. La distinción es valiosa e importante, pero, como ya se ha señalado al comentar el versículo 11 del capítulo 1, corremos el riesgo de que sea aplicada con demasiada rigidez. Por lo menos, este pasaje demuestra que nuestro kerigma debe contener mucha *didaqué*. Sea nuestra predicación destinada a convencer, a redargüir o a exhortar, siempre debe abarcar un ministerio de enseñanza doctrinal.

El ministerio pastoral es esencialmente un ministerio de enseñanza, lo cual explica por qué los candidatos a ese ministerio deben ser ortodoxos en su fe y tener aptitud para enseñar (Tit 1.9; 1 Ti 3.2). Hay una necesidad creciente, especialmente a medida que avanza el proceso de urbanización y se incrementan los niveles educativos, de que los ministros del evangelio se ejerciten en desarrollar una predicación sistemática expositiva, o sea, en "Predicar la Palabra… sin dejar de enseñar". Esto es precisamente lo que Pablo hizo en Éfeso, y de lo cual Timoteo fue testigo. Por un plazo de aproximadamente tres años persistió en enseñarles todo el consejo de Dios, y lo hizo públicamente y por las casas (Hch 20.20, 27; ver 19.8–10). Ahora Timoteo debía hacer lo mismo.

Éste es el encargo de Pablo a Timoteo. Debe predicar la Palabra, y al anunciar el mensaje dado por Dios deberá hacerlo con un enfoque de urgencia, una aplicación pertinente, ser paciente en su trato e inteligente en su presentación.

2. La base para el encargo | vv. 1, 3–8

4.1, 3–8 En presencia de Dios y de Cristo Jesús, que ha de venir en su reino y que juzgará a los vivos y a los muertos [...]. Porque llegará el tiempo en que no van a tolerar la sana doctrina, sino que, llevados de sus propios deseos, se rodearán de maestros que les digan las novelerías que quieren oír. Dejarán de escuchar la verdad y se volverán a los mitos. Tú, por el contrario, sé prudente en todas las circunstancias, soporta los sufrimientos, dedícate a la evangelización; cumple con los deberes de tu ministerio. Yo, por mi parte, ya estoy a punto de ser ofrecido como un sacrificio, y el tiempo de mi partida ha llegado. He peleado la buena batalla, he terminado la carrera, me he mantenido en la fe. Por lo demás me espera la corona de justicia que el Señor, el juez justo, me otorgará en aquel día; y no solo a mí, sino también a todos los que con amor hayan esperado su venida.

Ya ha surgido de los capítulos anteriores de esta carta que Timoteo era de una disposición tímida y que los tiempos en que vivía y trabajaba eran muy poco propicios. Seguramente, al leer el solemne encargo para continuar predicando la Palabra se habrá sentido desanimado, y posiblemente tentado a huir de tal responsabilidad. Por esta razón, Pablo no solo le da el encargo, sino que agrega ciertos incentivos. Le sugiere a Timoteo que mire en tres direcciones: primero a Jesucristo, el Juez y Rey que viene; en segundo lugar, la escena contemporánea y, en tercer lugar, al mismo Pablo, el anciano apóstol próximo a ser martirizado.

a. El Cristo que se manifestará | v. 1

Pablo no está efectuando este encargo en su propio nombre o por su propia autoridad, sino "En presencia de Dios y de Cristo Jesús" y, por lo tanto, consciente de la dirección y aprobación divinas. Quizá el más fuerte de los incentivos a la fidelidad es el de haber recibido una comisión de Dios. Si Timoteo puede estar seguro de que él es siervo del Dios altísimo y un embajador de Jesucristo, y que el encargo de Pablo es en verdad el desafío de Dios, entonces nada le hará declinar de su cometido.

El énfasis principal de este primer versículo no está tanto en la presencia de Dios como en la manifestación de Cristo. Es evidente que Pablo cree en el regreso personal de Cristo, de quien había escrito en sus cartas más tempranas, y en forma especial en las dos dirigidas a la iglesia en Tesalónica. Si bien ahora es consciente de que ha de morir antes de que esto ocurra, encontramos que aun al final de su ministerio lo sigue aguardando, vive a la luz de las implicancias de su regreso y describe a los cristianos como aquellos "que con amor hayan esperado su venida" (8). Está seguro de que Cristo se manifestará en forma visible (la palabra que usa en los versos 1 y 8 es *epifaneia*), y que cuando aparezca juzgará a los "vivos y a los muertos" y consumará "su reino" o reinado.

Estas tres verdades —de la manifestación, del juicio, y del reino— deben ser una expectativa tan clara y cierta para nosotros como lo fueron para Pablo y Timoteo, y no pueden dejar de ejercer una influencia poderosa en nuestro ministerio, pues tanto los que predican la Palabra como los oyentes deberán rendir cuentas a Cristo cuando se manifieste.

b. La escena contemporánea | vv. 3–5

Nótese el uso de la palabra "Porque" (*gar*), que introduce este nuevo párrafo, pues sugiere que Pablo está ahora dando una segunda razón sobre la cual basar su encargo. Se trata de otro evento futuro; no la venida de Cristo, sino los días venideros oscuros y difíciles. Aunque el apóstol parece estar anticipando que la situación va a deteriorarse, surge también con claridad de este párrafo y de lo que ha dicho anteriormente que tal realidad ya había comenzado, y es a la luz de esta escena contemporánea que imparte a Timoteo recomendaciones adicionales.

¿Cuáles son las características de este tiempo? Una de ellas es que la gente no sufrirá la verdad. Pablo lo expresa dos veces, en forma negativa y positiva: "no van a tolerar la sana doctrina, sino que [...] se rodearán de maestros que les digan las novelerías que quieren oír" (3); "Dejarán de escuchar la verdad y se volverán a los mitos" (4). En otras palabras, no pueden soportar la verdad y rehúsan escucharla. Todo tiene que ver con los oídos, que en el griego se mencionan dos veces. Sufren de una condición patológica peculiar llamada "comezón de oír", o según Ellicot: "una comezón por oír cosas nuevas". Arndt y Gingrich explican que es una expresión figurada para describir esa clase de curiosidad que "busca descubrir información de interés y jugosa"; además, continúan, "esta comezón es aliviada por los mensajes de los nuevos maestros". En efecto, lo que las personas hacen es taponar sus oídos hacia la verdad (ver Hch 7.57) y abrirlos a cualquier maestro que alivie su irritación satisfaciéndolos con su enseñanza.

Nótese que lo que rechazan es la "sana doctrina" (3) o "la verdad" (4) y que prefieren "que les digan las novelerías que quieren oír" (3) o "mitos" (4). De esta manera, reemplazan la revelación de Dios con sus fantasías. El criterio con que juzgan a los maestros no es, como debería ser, la Palabra de Dios, sino sus gustos subjetivos. Además, esto se agrava porque no escuchan primero para luego decidir si lo que han oído es verdad, sino que primero deciden lo que quieren oír y luego seleccionan los maestros que les hablarán a su gusto.

¿Cómo debe reaccionar Timoteo ante esta circunstancia? Uno supone que esta situación desesperada lo haría callar. Si los oyentes no pueden tolerar la verdad y rehúsan escucharla, seguramente la prudencia aconsejaría callar. Pero Pablo concluye en sentido opuesto. Por tercera vez utiliza los monosílabos *su de*, "Tú, por el contrario [...]" (5; Comp. 3.10, 14). Repite su llamado a que Timoteo sea diferente, que no se deje llevar por las corrientes que prevalecen en su tiempo.

A continuación, siguen cuatro instrucciones precisas que parecen haber sido preparadas en forma deliberada para encuadrar en la situación particular en que se encontraba Timoteo y acordes con la clase de personas a quienes él debía ministrar.

1. Ya que las personas son inestables en mente y conducta, Timoteo debe ser especialmente "prudente en todas las circunstancias". Literalmente, *nefo* significa "ser sobrio" y, figuradamente, "estar libre de toda intoxicación mental y espiritual"; por lo tanto, ser "bien equilibrados, autocontrolados" (Arndt y Gingrich). Cuando hombres y mujeres se intoxican con herejías mentales y novedades fantasiosas, el ministro de Dios debe permanecer calmo y sano.

2. Aunque la gente no escuche la sana enseñanza, Timoteo debe persistir en enseñarla y en estar preparado para "soportar los sufrimientos", como resultado de la verdad que no está dispuesto a abandonar. Cada vez que la verdad bíblica se torna impopular, los siervos de Dios serán tentados a mutilar aquellos elementos que causan ofensa, pero deben resistir esa tentación.

3. Ya que la gente está en una ignorancia lamentable acerca del evangelio, Timoteo debe dedicarse "a la evangelización". No queda claro si esta referencia es a un ministerio específico, como se desprende de los otros dos pasajes del Nuevo Testamento donde se utiliza la misma palabra (Hch 21.8; Ef 4.11). La alternativa sería interpretarla como aplicable a cualquiera que predica el evangelio y testifica acerca de Cristo. En cualquiera de los casos, Pablo le está recomendando a Timoteo que la predicación del evangelio sea la obra de su vida. La buena noticia no sólo debe ser preservada de distorsiones, sino también difundida.

4. Aunque las personas abandonaran el ministerio de Timoteo a favor de otros maestros que satisfacen sus caprichos, Pablo instruye: "cumple con los deberes de tu ministerio". El mismo verbo se utiliza cuando Pablo y Bernabé completaron su servicio de ayuda a la iglesia en Jerusalén. Lucas lo describe en Hechos 12.25 diciendo: "cumplieron su servicio". De la misma manera Timoteo deberá perseverar hasta que su ministerio se haya cumplido.

De este modo, las cuatro instrucciones, si bien diferentes en su detalle, contienen el mismo mensaje general. Aquellos días, en que era difícil obtener atención para escuchar el evangelio, no debían desanimar a Timoteo ni apartarlo de su ministerio o inducirlo a acomodar su mensaje para satisfacer a sus oyentes y menos aún silenciarlo. Por el contrario, los tiempos difíciles debían alentarlo a predicar más y más. De igual manera tiene que ser con nosotros. Cuanto más duros sean los tiempos y más sordos los oídos, más clara y persuasiva deberá ser nuestra proclamación. Tal como dijo Calvino: "Cuanto más decididos estén los hombres a despreciar la enseñanza de Cristo, más celosos deberán ser los ministros piadosos en afirmarla y más esforzados en preservarla entera, y con suma diligencia guardarla de los ataques de Satanás".

c. El apóstol anciano | vv. 6–8

La tercera base para el encargo del apóstol es otro evento futuro: su propio martirio. El enlace entre este párrafo y el verso 5 es evidente. El argumento de Pablo avanza de la siguiente manera: "Pero tú, Timoteo, debes cumplir tu ministerio, pues yo estoy a punto de morir". Ante el hecho de que la vida y la obra del apóstol llegan a su fin, es de vital importancia que Timoteo continúe y complete su ministerio. Así como Josué siguió a Moisés, Salomón a David y Eliseo a Elías, así también Timoteo debía suceder a Pablo.

El apóstol utiliza dos formas de expresión muy gráficas para describir su muerte inminente: una de ellas tomada del lenguaje de los sacrificios y otra (probablemente) de los navíos. Primero dice: "Yo… ya estoy a punto de ser ofrecido como un sacrificio". Se compara a sí mismo con un sacrificio, y le parece tan cercano su martirio que habla como si el sacrificio ya hubiera comenzado. Luego continúa diciendo que "el tiempo de mi partida ha llegado". La expresión "partida" (*analysis*) parece haber llegado a ser un sinónimo de muerte, pero no por esto debemos concluir que su origen metafórico ha sido totalmente olvidado. Significa "soltar" y podría utilizarse con referencia a desarmar una tienda o carpa (interpretación que prefiere Lock en vista del soldado que ha "peleado la buena batalla"). Puede también haber referencia a soltar cadenas o prisiones (posibilidad que menciona E. K. Simpson), o a soltar las amarras de una embarcación. Sin duda, la última posibilidad es la más gráfica de todas. Las dos imágenes se complementan, pues el fin de esta vida (derramada en sacrificio) no es otra cosa que el comienzo de la otra (al soltar amarras). El ancla ha sido levada, las sogas se deslizan y la embarcación se apresta a desplegar sus velas con miras a otras costas. En estos instantes, antes de que comience la gran aventura de este nuevo viaje, el apóstol mira hacia atrás, a los aproximadamente treinta años de ministerio, y los describe, en forma concreta y sin falsa modestia, con tres expresiones brillantes.

Primero, "he peleado la buena batalla". Las mismas palabras también podrían traducirse correctamente "he corrido la gran carrera", pues *agon* denota cualquier puja que requiere esfuerzo, sea una carrera o una lucha. Pero dado que la frase siguiente hace mención clara a la carrera que ha acabado, es probable que Pablo esté nuevamente combinando las dos metáforas del soldado y del atleta (como en 2.3–5), o al menos las metáforas de la lucha y la carrera.

Enseguida, escribe "he terminado la carrera". Algunos años antes, hablando a los ancianos de la misma iglesia que Timoteo estaba ahora presidiendo, Pablo había expresado la ambición de hacer precisamente esto. "Sin embargo, considero que mi vida carece de valor para mí mismo, con tal de que termine mi carrera y lleve a cabo el servicio que me ha encomendado el Señor Jesús, que es el de dar testimonio del evangelio de la gracia de Dios" (Hch 20.24). Ahora puede decir que lo ha hecho. Tanto el verbo como el sustantivo utilizados son los mismos. Lo que había sido un propósito es ahora un hecho. Puede usar el tiempo perfecto en cada una de estas tres expresiones, tal como lo había hecho Jesús en el aposento alto (ver Jn 17.4, "he llevado a cabo la obra que me encomendaste"), porque el fin ya estaba a la vista.

En tercer lugar, "me he mantenido en la fe". Esta frase podría significar: "he guardado la fe en mi Maestro", pero en el contexto de esta carta, que enfatiza con tanta fuerza la importancia de guardar el depósito de la fe revelada, es más probable que Pablo esté afirmando su fidelidad en el siguiente sentido: he guardado en forma segura, como un guardián o custodio, el tesoro del evangelio que fue confiado a mi cuidado.

De esta manera, el trabajo del apóstol (y en alguna medida el de todo predicador y maestro del evangelio) se describe como pelear una batalla, correr una carrera, guardar un tesoro. Cada aspecto del ministerio implica trabajo, sacrificio y aun peligro. En los tres sentidos, Pablo ha sido fiel hasta el fin.

Ahora sólo resta que reciba el premio, al que él denomina "corona de justicia", que le "espera" y que le será entregada en la meta en "aquel día". Aunque en sí mismas carecieran de valor, las guirnaldas compuestas de hojas verdes en lugar de oro o plata eran de alta estima para los vencedores en los torneos griegos. Según H. Moule: "Muchas pequeñas aldeas de aquellos días demolían parte de sus muros a fin de que su hijo, galardonado con la corona del istmo o de Olimpia, pudiese entrar por una puerta que no hubiera sido utilizada anteriormente". Pablo aguarda la que él llama "corona de justicia" (*dikaiosyne*). De su pluma, la palabra significaría naturalmente "justificación". Pero en esta oportunidad tiene quizá una connotación legal, y contrasta deliberadamente con la sentencia que en cualquier momento espera de un juez humano en un tribunal humano. El emperador Nerón podía declararlo culpable y condenarlo a muerte; sin embargo, pronto habría un magnífico reverso al veredicto de Nerón cuando "el Señor, el juez justo" declarará justo al apóstol.

La misma reivindicación por parte de Cristo le espera a "todos los que con amor hayan esperado su venida". Ésta no es, por supuesto, una doctrina de justificación por las obras. Es innecesario recalcar la convicción absoluta de Pablo de que la salvación es un don gratuito de la gracia de Dios "no por nuestras propias obras, sino por su propia determinación y gracia" (1.9). La corona de justicia se le otorga "a todos los que esperan con amor su manifestación" (BLP), no porque se trate de una acción meritoria, sino porque es una evidencia segura de la justificación. El incrédulo, quien no ha sido justificado, teme la venida de Cristo (si es que cree o piensa en ella). Al no estar preparado, cuando llegue se encogerá con vergüenza. Por el contrario, el creyente, habiendo sido justificado, aguarda la venida de Cristo, que es el anhelo de su corazón. Al estar preparado, tendrá confianza cuando Cristo aparezca (1Jn 2.28). Sólo aquellos que han entrado por fe en el beneficio de la primera venida de Cristo aguardan con anhelo su segunda venida (Heb 9.28).

Este es, pues, "Pablo, ya anciano", tal como él se autodenominó dos años antes al escribir a Filemón (v. 9). Ha peleado la buena batalla, ha acabado la carrera y ha guardado la fe. Su sangre y su vida están por derramarse. Su pequeña barquilla está por soltar las amarras, desplegar sus velas y navegar hacia "otro" puerto; además, está aguardando ansiosamente su corona o guirnalda. Estos hechos constituyen el tercer motivo para incentivar a Timoteo a la fidelidad.

Nuestro Dios es el Dios de la historia; está obrando su propósito año tras año. Sus siervos mueren, pero su obra continúa. La antorcha del evangelio es entregada de una generación a otra. Mientras los líderes de una generación van pasando a la presencia del Señor, se torna más urgente la necesidad de que los que les suceden avancen con valentía para tomar su lugar. El corazón de Timoteo sin duda fue profundamente conmovido por esta exhortación de Pablo, el anciano guerrero, quien le había conducido a Cristo. ¿Quién te guio a Cristo? ¿Es de edad avanzada? No podemos depender para siempre del liderazgo de la generación precedente. Llega el día en que debemos ponernos sus zapatos y tomar la delantera. Aquel día había llegado para Timoteo y a su tiempo llegará también para nosotros.

Así, pues, en vista de la próxima venida de Cristo, de la oposición al evangelio por parte del mundo contemporáneo y de la muerte inminente del apóstol encarcelado, la última comisión a Timoteo contenía una nota de solemne urgencia: "¡Predica la Palabra!".

3. Una ilustración del encargo | vv. 9–22

4.9-22 Haz todo lo posible por venir a verme cuanto antes, pues Demas, por amor a este mundo, me ha abandonado y se ha ido a Tesalónica. Crescente se ha ido a Galacia y Tito a Dalmacia. Sólo Lucas está conmigo. Recoge a Marcos y tráelo contigo, porque me es de ayuda en mi ministerio. A Tíquico lo mandé a Éfeso. Cuando vengas, trae la capa que dejé en Troas, en casa de Carpo; trae también los libros, especialmente los pergaminos. Alejandro el herrero me ha hecho mucho daño. El Señor le dará su merecido. Tú también cuídate de él, porque se opuso tenazmente a nuestro mensaje. En mi primera defensa, nadie me respaldó, sino que todos me abandonaron. Que no les sea tomado en cuenta. Pero el Señor estuvo a mi lado y me dio fuerzas para que por medio de mí se llevara a cabo la predicación del mensaje y lo oyeran todos los paganos. Y fui librado de la boca del león. El Señor me librará de todo mal y me preservará para su reino celestial. A él sea la

> gloria por los siglos de los siglos. Amén. Saludos a Priscila y a Aquila, y a la familia de Onesíforo. Erasto se quedó en Corinto; a Trófimo lo dejé enfermo en Mileto. Haz todo lo posible por venir antes del invierno. Te mandan saludos Eubulo, Pudente, Lino, Claudia y todos los hermanos. El Señor esté con tu espíritu. Que la gracia sea con ustedes.

Además del encargo apostólico que envía a Timoteo, de predicar la Palabra, Pablo le ofrece una ilustración con su propio ejemplo. Él mismo ha predicado la Palabra no sólo a través de todos sus años de ministerio, sino también muy recientemente, proclamando el evangelio con osadía en la corte de la Roma imperial donde estaba siendo juzgado.

Antes de considerar los detalles de esta notable predicación, debemos comprender las circunstancias en que tuvo lugar. De su majestuoso resumen del pasado ("He peleado la buena batalla […]") y su actitud confiada hacia el futuro ("por lo demás me espera la corona […]"), Pablo regresa en su pensamiento al presente y a su situación personal. El gran apóstol era también una criatura de carne y sangre, un hombre de naturaleza y pasiones semejantes a las nuestras. Aunque ha acabado su carrera y está aguardando una corona, sigue siendo un ser frágil con necesidades humanas comunes. Describe su estado de apremio en la cárcel, y expresa en forma particular su soledad.

Varios factores habían contribuido a su sensación de aislamiento, y los relata abiertamente. Ha sido abandonado por sus amigos (9–13), perjudicado por Alejandro el herrero (14, 15), y en su primera defensa ha sido desamparado (16–18).

a. Abandonado por sus amigos | vv. 9–13 y 19–21

Es evidente que Pablo no había sido abandonado totalmente por sus amigos. Esto se confirma al seguir la lectura hasta el final del capítulo. Pablo menciona ahí a sus amigos que están allende los mares y les envía un mensaje de salutación. Prisca y Aquila, a quienes ha denominado sus "compañeros de trabajo en Cristo Jesús" (Ro 16.3) y con quienes permaneció en Corinto (Hch 18.2, 3; 1Co 16.19), están al parecer aún en Éfeso, según la última mención que se hace de ellos en Hechos 18.26. Asimismo, "la familia de Onesíforo", si bien, como lo mencionamos en el comentario de 1.16–18, al parecer Onesíforo mismo estaba separado de su familia, en Roma.

A continuación, Pablo le envía noticias a Timoteo sobre otros dos amigos mutuos (20). Erasto, dice, "se quedó en Corinto". Parece razonable identificarlo con el Erasto mencionado como el "tesorero de la ciudad" de Corinto (Ro 16.23) y con el Erasto a quien el apóstol envió junto con Timoteo a Macedonia (Hch 19.22). El hecho de que Pablo informe a Timoteo que Erasto se había quedado en Corinto sugiere que después del segundo arresto de Pablo posiblemente lo acompañó hasta Corinto en su viaje a Roma. La otra noticia está relacionada con Trófimo, quien era nativo de Éfeso y había sido uno de los compañeros de Pablo durante su tercer viaje misionero, por lo menos en Grecia, Troas, y en el viaje a Jerusalén (Hch 20.1–5; 21.29). Desconocemos las circunstancias en que lo dejó en Mileto, un puerto cercano a la ciudad de Éfeso.

En estos versículos finales de la carta, el apóstol también menciona a algunos cristianos de Roma, quienes envían sus saludos a Timoteo. Da los nombres de tres hombres: Eubulo, Pudente y Lino (este último posiblemente el Lino a quien Ireneo y Eusebio mencionan como el primer obispo de Roma, después de que Pedro y Pablo fueron martirizados) y de una mujer, Claudia, mencionando finalmente a "todos los hermanos". Parece probable, dado que Pablo conoce algunos de sus nombres y puede mandar sus saludos a Timoteo, que lo hayan visitado en la cárcel.

A pesar de esto, el apóstol se siente terriblemente aislado y abandonado, exiliado de las iglesias que había fundado y de las personas a quienes conoce y ama. Más punzante aún es el hecho de que algunos de los amigos del círculo más íntimo de compañeros de viajes lo habían abandonado, o por alguna razón se separaron de él. En los versos 10 y 12 menciona en particular a cuatro de ellos: Demas, Crescente, Tito y Tíquico.

Evidentemente, la deserción de Demas "por amor a este mundo" (10) fue muy dolorosa para Pablo. Anteriormente había sido uno de sus allegados o un "compañero de trabajo". En los dos pasajes del Nuevo Testamento donde es mencionado aparece en conjunto con Lucas (Col 4.14; Flm 24). Pero ahora, en lugar de fijar su afecto en la futura manifestación de Cristo (8), se ha enamorado del mundo (10), literalmente, del "presente siglo". No se dan a conocer los detalles, pero

H. Moule pudo haber acertado cuando supuso que fue "azotado por la cobardía en ese reino de terror". Los otros tres no son censurados por su separación. Crescente, cuyo nombre no aparece en otro lugar del Nuevo Testamento, se "ha ido a Galacia" (quizá refiriéndose a Galia, Francia), y Tito, que para esta fecha debería haber concluido su misión en Creta, había viajado a Dalmacia, en la costa este del mar Adriático. No se dan razones para estos movimientos, pero de Tíquico Pablo dice: "lo mandé a Éfeso" (12) En dos oportunidades se lo describe como un "querido hermano… fiel servidor en el Señor" y había sido enviado en varias misiones de responsabilidad, al parecer llevando las cartas de Pablo a los efesios, a los colosenses y a Tito (Ef 6.21, 22; Col 4.7, 8; Tit 3.12). Parece que ahora se le está confiando la última carta escrita por Pablo, esta carta a Timoteo que estamos considerando. Quizá sea también intención de Pablo que él reemplace a Timoteo mientras éste lo visita en Roma.

Aquí tenemos a cuatro colaboradores íntimos y confiables, a quienes Pablo extraña con dolor, aun cuando (con excepción de Demas) su ausencia se debe a los asuntos del Señor. Prosigue diciendo: "Sólo Lucas está conmigo" (11). Es un emotivo testimonio de la invariable lealtad de este compañero del apóstol, "el querido médico" (Col 4.14). No obstante, y con la sola excepción de Lucas, por varias razones buenas o malas, Pablo está solo en la prisión y lo siente profundamente. Anhela y ruega por tres cosas: primero por compañía, segundo por un capote para protegerse del frío, y en tercer lugar por libros y pergaminos para ayudarle a ocupar su tiempo.

En primer lugar, compañeros. Le dice a Timoteo: "Recoge a Marcos y tráelo contigo" (11). Marcos había sido un desertor en el primer viaje misionero (Hch 12.25; 13.13; 15.38, 39). Más adelante fue restaurado (Col 4.10; Flm 24; 1P 5.13), y ahora, dice Pablo, podía ser "de ayuda en mi ministerio".

Pero, por sobre todas las cosas, Pablo anhela la compañía de Timoteo y le dice: "Haz todo lo posible por venir a verme cuanto antes" (9); "Haz todo lo posible por venir antes del invierno" (21). Para tener el gozo de ver a Timoteo nuevamente y disfrutar de su compañerismo, éste debía ir pronto (mientras Pablo estuviera vivo) y antes del invierno (cuando la navegación se tornaba imposible). Por eso, en dos oportunidades le ruega que haga todo lo posible por ir. No debemos disminuir la importancia del afectuoso deseo de Pablo de ver a Timoteo. El mismo apóstol que ha fijado el anhelo de su corazón y su esperanza en la venida de Cristo (8), también anhela la venida de Timoteo. Al principio de su carta había dicho: "al recordarte de día y de noche en mis oraciones… anhelo verte para llenarme de alegría" (1.3, 4). Estos dos anhelos no son incompatibles. A veces nos encontramos con personas superespirituales que declaran que jamás sienten la soledad y que no necesitan tener amigos humanos, pues la compañía de Cristo satisface todas sus necesidades. Pero la amistad humana es la amable provisión de Dios para la humanidad. Fue Dios mismo quien dijo al principio: "No es bueno que el hombre esté solo" (Gn 2.18). Tanto la presencia del Señor Jesús todos los días como la perspectiva de su venida en aquel día son maravillosas, pero su propósito no es el de sustituir la amistad humana.

Además de la compañía de Timoteo, Pablo necesita ropa abrigadora y, por tanto, le pide: "Cuando vengas, trae la capa que dejé en Troas, en casa de Carpo" (13). Es probable que el *failones* (capa) sea el equivalente para el latín *paenula*, "una vestimenta exterior de tela gruesa y de forma circular con un agujero en el centro para la cabeza". Sin duda, en vista del invierno que se acercaba, Pablo sentía la necesidad del calor adicional que podría proporcionarle. No obstante, es difícil establecer quién era Carpo y por qué Pablo dejó sus posesiones en Troas. H. Moule conjetura que fue en la casa de Carpo en Troas donde se efectuó la célebre reunión del partimiento del pan relatada en Hechos 20.1–12, y el lugar en que años más tarde Pablo fue arrestado y llevado, sin poder siquiera juntar sus pocas posesiones.

La tercera necesidad mencionada por Pablo la constituyen "los libros, especialmente los pergaminos" (13). La diferencia entre los dos pudo haber sido que los primeros eran hechos de papiros en lugar de pergaminos. Los rollos de papiro constituían tal vez los materiales para escribir su correspondencia o algunos documentos oficiales, quizá su propio certificado de ciudadanía romana. Los pergaminos podrían haber estado sin uso (libros de anotaciones), pero lo más probable es que fueron alguna clase de libros. Quizá se trataba de la versión de Pablo del Antiguo Testamento en griego, cosa no muy fácil de transportar de un lado a otro, de copias oficiales de las palabras del Señor, o de narraciones de la vida de Jesús.

Estas eran, pues, las tres necesidades conscientes del apóstol. Prosigue diciendo que durante su primera defensa en la corte "el Señor estuvo a mi lado y me dio fuerzas" (17), y sin duda también recibió la compañía y la fuerza del Señor en su calabozo subterráneo. Sin embargo, la ayuda que tuvo de su Señor fue tanto directa como indirecta. Pablo no despreciaba el uso de medios, como tampoco nosotros debemos despreciarlos. Cuando nuestro espíritu se siente solitario, necesitamos amigos. Cuando nuestro cuerpo siente frío, necesitamos abrigo. Cuando nuestra mente está aburrida, necesitamos libros. Admitir esto no implica falta de espiritualidad, sino sencillamente ser humanos. Éstas son las necesidades naturales de hombres y mujeres mortales. Como dice sabiamente H. Moule: "La gracia nunca, ni por un momento, desnaturaliza al hombre". No debemos, pues, negar nuestra humanidad ni fragilidad, o pretender que somos formados de otro material que no sea polvo.

Sabemos que hay cristianos hoy que desprecian la lectura y el estudio, y afirman que no necesitan libros en ningún momento, menos aún en la cárcel. Dejemos que Calvino les conteste: "Este pasaje refuta la locura de los fanáticos que desechan los libros y condenan toda lectura jactándose solo de su entusiasmo, o de sus inspiraciones privadas recibidas de Dios. Debemos notar que este pasaje recomienda la lectura constante a todos los hombres piadosos, como cosa de la cual pueden sacar provecho".

Varios comentaristas señalan el paralelo histórico entre el encarcelamiento de Pablo en Roma y el de Guillermo Tyndale en Bélgica casi quince siglos después. Lo que sigue es la descripción que H. Moule hace de Tyndale, y una cita de su carta:

> En 1535, encarcelado por el perseguidor en Vilvorde, Bélgica, escribió poco antes de su martirio una carta en latín al marqués de Bergen, gobernador del castillo: "Ruego a su señoría, y esto por el Señor Jesús, que si debo permanecer aquí durante el invierno, le instruya al comisario que sea lo suficientemente amable como para enviarme, de las posesiones mías de que él dispone, una gorra más abrigada; siento el frío en forma aguda en la cabeza. También una capa más abrigada, pues la vestimenta que tengo es muy liviana. Él tiene una camisa mía de lana; que tenga a bien enviármela.

Pero más que todo, mi Biblia en hebreo, la Gramática y el Vocabulario, a fin de que pueda dedicar mi tiempo a ellos".

b. Perjudicado por Alejandro el calderero | vv. 14, 15

El segundo factor que contribuyó a la odisea de Pablo fue la fuerte oposición que debió soportar contra su persona y su mensaje de parte de un hombre llamado Alejandro. Sabemos que se trataba de un calderero de profesión, alguien que trabajaba el bronce, pero desconocemos su identidad. Es poco probable que Alejandro el calderero haya sido Alejandro, el hereje que Pablo menciona en 1 Timoteo 1.20, o Alejandro el orador, mencionado en Hechos 19.33, pues este nombre era muy común en aquella época. Tampoco sabemos en qué consistían los muchos males que le había causado. A. T. Hanson expresa que el pasaje, traducido en forma literal, diría: "Alejandro informó muchas cosas malas contra mí" y que "la palabra generalmente utilizada para "informante" está vinculada con este verbo". En vista de esto, algunos comentaristas sugieren que Alejandro fue el informante responsable por el segundo arresto de Pablo. Si esto ocurrió en Troas, podría explicar por qué Pablo le advierte a Timoteo, quien debería pasar por Troas en su viaje hacia Roma (13): "Tú también cuídate de él". Pero Alejandro hizo más que informar: "se opuso tenazmente a nuestro mensaje". Podemos estar seguros de que fue la preocupación de Pablo por la verdad del mensaje, y no su enojo personal o deseos de venganza, lo que le impulsó a expresar su pensamiento con estas palabras (en los mejores manuscritos el texto aparece como una declaración y no un deseo): "El Señor le dará su merecido".

c. Sin apoyo en su primera defensa | vv. 16–18

Algunos han creído que la primera defensa de Pablo es una referencia a su primer arresto, y que la proclamación del mensaje a los gentiles (que menciona en el verso siguiente) fue resultado de su liberación. Sin embargo, el contexto alude a un evento más reciente. Por consiguiente, la mayoría de los comentaristas entienden que esta primera defensa fue la primera presentación o *prima actio* de su causa, "la investigación preliminar que antecede a un juicio formal" (D. Guthrie). La ley romana hubiera permitido que él utilizara los servicios de un abogado y el testimonio de testigos. Pero, tal como dice A. Plummer: "Entre todos los cristianos de Roma no había uno que estuviera dispuesto a permanecer al lado de Pablo en la corte, defenderlo, o aconsejarlo en la conducta que debía asumir, o tan siquiera apoyarlo con una expresión de simpatía". Si alguna vez un acusado tuvo necesidad de ayuda, fue Pablo en esta oportunidad. Sin embargo, dice, en su "primera defensa, nadie me respaldó, sino que todos me abandonaron". No sabemos cuáles eran los cargos que se presentaron en su contra, pero sabemos por los escritos de Tácito, Plinio y otros escritores de la época la clase de acusaciones que se hacían contra los cristianos en esa época. Se los acusaba de horrendos crímenes contra el Estado y contra la sociedad civilizada, de "ateísmo" (porque rechazaban la idolatría y el culto al emperador), de canibalismo (porque hablaban de comer el cuerpo de Cristo) y aun de abrigar un "odio general hacia la raza humana" (dada la supuesta deslealtad al César y quizá porque habían renunciado a los placeres populares del pecado). Es posible que algunos de estos cargos hayan sido presentados contra Pablo. Cualquiera fuera el caso, sabemos que no había una sola persona que lo defendiera. Ya fuera porque no querían o porque no podían, lo abandonaron y estuvo solo.

Podríamos decir con cierta cautela que este momento vino a ser como un Getsemaní para Pablo. Por supuesto, su agonía fue distinta de la de Cristo, pero al igual que su Maestro tuvo que encarar esta odisea solo, pues en el momento más agudo de su necesidad tuvo que decir "todos me abandonaron", como está escrito de Cristo: "Entonces todos lo abandonaron y huyeron" (Mr 14.50). Walter Lock va más allá, señalando nueve verbos similares entre el Salmo 22 y los versos 16–18 de este capítulo, y se pregunta: "¿Habrá estado san Pablo repitiendo, igual que su Maestro, este salmo en la hora de la deserción?". Ciertamente, tal como lo hizo el Señor, oró para que este pecado "no les sea tomado en cuenta". De paso, podemos señalar que no existe una discrepancia irreconciliable entre esta oración y la declaración que hizo respecto de Alejandro en el verso 14. Los casos eran muy distintos, pues Alejandro había hablado contra el evangelio con malicia deliberada, mientras que los amigos de Pablo en Roma no habían hablado para nada, y su silencio se debía no a la malicia sino al temor.

Sin embargo, igual que su Señor, Pablo sabía que no estaba solo. Anticipando la inminente deserción, Jesús dijo: "La hora viene, y ya está aquí, en que ustedes serán dispersados, y cada uno se irá a su propia casa y a mí me dejarán solo. Sin embargo, solo no estoy, porque el Padre está conmigo" (Jn 16.32). En forma similar, Pablo podía decir que, aunque "todos me abandonaron" (16), "el Señor estuvo a mi lado y me dio fuerzas" (17). La presencia de Cristo a su lado y su don de fuerza interior (el verbo *endynamoo*, igual que en 2.1 y Fil 4.13) lo fortalecieron para predicar el evangelio a todos los gentiles que estaban presentes, y contribuyeron a su liberación (al menos temporalmente) "de la boca del león".

Hay mucha especulación en cuanto a la identidad de "la boca del león", pero podemos estar seguros de que no era una referencia a los leones del anfiteatro, pues como ciudadano romano no había posibilidad de que ese fuera su fin. Los primeros comentaristas creían que Pablo se refería en forma indirecta a Nerón, dada su naturaleza cruel, y tal como señala A. T. Hanson, de acuerdo con Josefo, la noticia de la muerte del emperador Tiberio en el año 37 "le llegó a Herodes Agripa en la forma críptica de 'el león está muerto'". Otros intentan interpretar que el león es Satanás (como en 1P 5.8) o el acusador de Pablo en la corte, o la muerte o, en forma más general, el gran peligro en que sus enemigos lo habían colocado (como en los Salmos 22.21; 35.17). De cualquier manera, emerge de este incidente como el Daniel del Nuevo Testamento por cuya protección el Señor cerró la boca del león. En cuanto al futuro, Pablo continúa diciendo con confianza: "El Señor me librará", no de la muerte, pues está aguardando morir (6), sino "de todo mal", fuera de lo permitido por Dios. Él también "me preservará para su reino celestial", aunque Nerón pronto decida eliminarlo de su reino terrenal.

Ahora estamos en condiciones de ver la soberbia ilustración que el apóstol le está dando a Timoteo con respecto a su encargo de predicar la Palabra. Pablo está esperando la sentencia de muerte. Ha sido desamparado por sus amigos (quienes lo dejaron abandonado o no pudieron ayudarlo) y sufre la oposición de sus enemigos sin el apoyo de un abogado defensor o de testigos. Está solo. Por una vez en su vida, ¿pensará en sí mismo? ¿Se defenderá a sí mismo y abogará por su propia causa? Quizá contestó a los cargos, pues se refiere a su "defensa" (16), pero aun en medio del grave peligro personal, enfrentando la probable sentencia de muerte, su preocupación central no está en sí mismo, sino en Cristo, no en ser un testigo en su propia defensa, sino un testigo de Cristo, no en abogar por su causa sino por la de Cristo Jesús.

En uno de los más altos tribunales del imperio, delante de sus jueces y quizá del mismo emperador, sin duda con una multitud de público presente, Pablo predicó la Palabra o, como él mismo lo expresa: "el Señor estuvo a mi lado y me dio fuerzas para que por medio de mí se llevara a cabo la predicación del mensaje y lo oyeran todos los paganos". Si alguna vez fue predicado un sermón "fuera de tiempo" (RVR 60), ¡sin duda fue éste!

Lo único que se nos dice respecto al contenido es que la proclamación (kerigma) fue cumplida o completa. Vale decir que Pablo aprovechó la oportunidad de exponer el evangelio en su plenitud, la buena noticia de Jesucristo encarnado, crucificado, resucitado, reinando, y que ha de volver. Por esto, podía decir, como lo hizo, "he terminado la carrera" (7).

Alfredo Plummer ofrece una descripción gráfica de la escena de la siguiente manera:

> Es muy posible que este evento, que el apóstol de los gentiles considera como el hecho concluyente de su misión y ministerio, haya tenido lugar en el mismo foro… Pero, de cualquier manera, se habría efectuado en una corte a la que el público tendría acceso; y el público romano de esa época era el más representativo del mundo… En aquella ciudad representativa, y ante esa audiencia representativa, [Pablo] predicó a Cristo; y por medio de aquellos que estaban presentes y le escucharon, el hecho se habrá divulgado a través del mundo civilizado, que en la ciudad imperial y ante el estrado imperial el apóstol de Cristo proclamó la venida de su reino.

Este habría de ser el modelo de Timoteo. En días pasados había seguido a Pablo en su doctrina, conducta, y sufrimientos (3.10, 11); ahora podía seguir también este ejemplo de Pablo. Al efectuar la comisión solemne de predicar la Palabra y de hacerlo con urgencia, Pablo no había evadido su propia responsabilidad. Por el contrario, había cumplido con la comisión, no solo tomando en cuenta la venida de Cristo y la escena de su muerte inminente, sino también con el brillante ejemplo que él mismo acababa de dar en la corte imperial en un momento de gran peligro y soledad personal.

d. Conclusión

A través de toda esta carta se destaca la convicción de Pablo de que Dios ha hablado por medio de sus profetas y apóstoles, y que esta revelación única (la fe, la verdad, la palabra, el evangelio, la sana enseñanza) ha sido encomendada a la iglesia como un sagrado tesoro o depósito.

Ahora el apóstol, quien a través de tres décadas de activo ministerio ha entregado con fidelidad a otros lo que él mismo había recibido, se encuentra en el umbral de la muerte. Está a punto de ser sacrificado. Parece haber advertido con el ojo de su mente el brillante acero de la espada de su verdugo. Por eso arde con un deseo apasionado de que Timoteo, su joven pero confiable lugarteniente, tome su lugar, continúe donde él ha dejado y pase la antorcha a otros.

Sin embargo, Pablo es consciente de las dificultades internas y externas. A Timoteo le falta experiencia, es de salud frágil y carácter tímido. La oposición del mundo es fuerte y sutil, y detrás de todo está el diablo, quien odia el evangelio y utiliza todas sus fuerzas y astucia para obstruir su progreso, ya sea por adulterarlo en la boca de quienes lo predican, por atemorizarlos y silenciarlos por medio de la persecución y el ridículo, por persuadirlos a que le agreguen alguna fantasía novedosa, o por permitir que se ocupen a tal punto en su defensa que no tengan tiempo para proclamarlo.

Así, pues, conociendo el sagrado depósito que le ha sido confiado, la inminencia de su martirio, la natural debilidad de Timoteo, la oposición del mundo, y la extrema sagacidad de Satanás, Pablo le hace a Timoteo este cuádruple encargo respecto al evangelio: guardarlo (porque es un tesoro de gran precio), sufrir por él (porque es una piedra de tropiezo para los altivos), continuar en él (porque es la verdad de Dios) y proclamarlo (porque constituye la buena noticia de salvación).

Timoteo fue llamado a ser fiel en su generación. ¿Dónde están los hombres y mujeres que serán fieles en la nuestra? Se requieren con urgencia. Sin duda nuestra respuesta será: "¿Quién está a la altura de las circunstancias?". Para ello, debemos considerar dos frases cortas en los últimos versículos de la carta, que hasta ahora he omitido.

Leamos primero en el verso 22: "El Señor esté con tu espíritu. Que la gracia sea con ustedes". Éstas son las últimas palabras del apóstol que fueron registradas. Si hasta este momento había estado dictando (probablemente a Lucas), es posible que ahora tomara la pluma él mismo y escribiera estas palabras como si fueran su autógrafo final. El Señor esté contigo, ruega, como lo ha estado conmigo durante mi juicio (17). Y "la gracia", palabra en la cual se destila toda la teología de Pablo, "sea con ustedes". En este caso, el pronombre es plural, lo que hace suponer que la carta estaba destinada para uso público. Estaba dirigida a toda la iglesia, y está dirigida a nosotros hoy.

Y en el verso 18 leemos: "A él sea la gloria por los siglos de los siglos. Amén". Sería difícil encontrar un resumen más apropiado que estas dos frases para describir la vida y la ambición del apóstol. Primero recibió gracia de Cristo, luego le dio la gloria. "De él, gracia; a él, gloria". En todo nuestro servicio y vida cristiana no cabe otra filosofía que ésta.

Ediciones Certeza Unida es la casa editorial de IFES en los países de habla hispana. La IFES (International Fellowship of Evangelical Students), también conocida en América Latina como la Comunidad Internacional de Estudiantes Evangélicos (CIEE), agrupa a movimientos estudiantiles nacionales que procuran formar comunidades de discípulos quienes, transformados por el evagelio, impacten la universidad, la iglesia y la sociedad para la gloria de Cristo.

Editoriales miembro de Certeza Unida:

Certeza Argentina, Bernardo de Irigoyen 678, 5º I, (1072) caba, Argentina.
certeza@certezaargentina.com.ar

Ediciones Puma, Av. 28 de Julio 314 Oficina G, Jesús María, Lima, Perú. Apartado Postal 11-168.
ventas@edicionespuma.org | www.edicionespuma.org

Andamio Editorial, Alts Forns 68, Sótano 1, 08038, Barcelona, España.
libros@andamioeditorial.com | www.andamioeditorial.com

IFES América Latina está compuesta por los siguientes movimientos nacionales

Asociación Bíblica Universitaria Argentina (ABUA)
Comunidad Cristiana Universitaria, Bolivia (CCU)
Aliança Bíblica Universitária do Brasil (ABUB)
Grupo Bíblico Universitario de Chile (GBUCH)
Unidad Cristiana Universitaria, Colombia (UCU)
Estudiantes Cristianos Unidos, Costa Rica (ECU)
Grupo de Estudiantes y Profesionales Evangélicos Koinonía, Cuba
Comunidad de Estudiantes Cristianos del Ecuador (CECE)
Movimiento Universitario Cristiano, El Salvador (MUC)
Grupo Evangélico Universitario, Guatemala (GEU)
Comunidad Cristiana Universitaria de Honduras (CCUH)
Compañerismo Estudiantil Asociación Civil, México (COMPA)
Comunidad de Estudiantes Cristianos de Nicaragua (CECNIC)
Comunidad de Estudiantes Cristianos, Panamá (CEC)
Grupo Bíblico Universitario del Paraguay (GBUP)
Asociación de Grupos Evangélicos Universitarios del Perú (AGEUP)
Asociación Bíblica Universitaria de Puerto Rico (ABU)
Asociación Dominicana de Estudiantes Evangélicos (ADEE)
Comunidad Bíblica Universitaria del Uruguay (CBUU)
Movimiento Universitario Evangélico Venezolano (MUEVE)

Web: IFES América Latina *https://ifesworld.org/es/region/americalatina/*

www.ingramcontent.com/pod-product-compliance
Lightning Source LLC
LaVergne TN
LVHW010541200726
843506LV00013B/2910